가정에 축복을 가져오는
아내의 기도

가정에 축복을 가져오는 아내의 기도

저자 이대희

초판 1쇄 발행 2021. 1. 20.

발행처 도서출판 브니엘
발행인 권혁선

등록번호 서울 제2006-50호
등록일자 2006. 9. 11.

서울특별시 송파구 백제고분로28길 25 B101호 (05590)
마케팅부 02)421-3436
편집부 02)421-3487
팩시밀리 02)421-3438

ISBN 979-11-90308-38-0 03230

독자의견 02)421-3487
이메일 editorkhs@empal.com

북카페 주소 cafe.naver.com/penielpub.cafe
인스타그램 @peniel_books

도서출판 브니엘은 독자들의 책에 관한 아이디어나 원고를 설레는 마음으로 기다리고 있습니다. 책으로 엮기를 원하는 아이디어가 있으신 분은 위의 이메일로 간단한 개요와 취지, 연락처 등을 보내주십시오. 머뭇거리지 말고 문을 두드리세요. 길이 열립니다.

도서출판 브니엘은 갓구운 빵처럼 항상 신선한 책만을 고집합니다.

가정에 축복을 가져오는
아내의 기도

이대희 | 지음

브니엘

나는 그동안 기도에 대한 여러 권의 책을 집필했는데, 이번에 다시 기도를 담아내는 한 권의 책을 펴내게 되었다. 기도는 살아 있는 영적 여정과 같기에 그 여정에 함께할 도우미 역시 끊임없이 필요하다. 이 책을 집필한 이유가 여기에 있다.

> "여자들과 예수의 어머니 마리아와 예수의 아우들과 더불어 마음을 같이하여 오로지 기도에 힘쓰더라"(행 1:14).

교회가 처음 세워졌을 때 첫 모임에 참석한 예수님의 어머니 마리아와 여자들이 소개된다. 특히 이 자리가 중요한 의미를 갖는 것은 기도하는 모임이었기 때문이다. 이것은 교회의 출발에 있어서 아주 중요한 부분을 말하고 있다. 지금도 교회를 세우는 중추적인 역할은 대부분 여자들의 몫이다. 한국교회가 성장하는 배경에는 여성도의 기도가 큰 역할을 담당했다. 기도의 불을 지핀 불씨는 엄마이자 아내인 여자들의 헌신이었다. 가정에서도 마찬가지다. 기도하는 아내, 기도하는 어머니는 가정을 든든히 세우는 원동력이다. 특히 가정은 아내의 기도에 따라 좌우될 정도로 그 역할이 매우 크다.

한 가정의 미래는 기도하는 아내의 모습을 보면 알 수 있다. 기도하는 아내가 있는 가정은 사탄이 쉽게 넘보지 못한다. 그러나 기도를 게을리하는 가정은 영적 전투에서 쉽게 넘어지고 만다. 가정을 어렵게 만드는 원인 중에 가장 큰 요인은 바로 아내가 기도하지 않는 죄이다. 기도를 하지 않는 것은 하나님의 도움을 거절하는 일이기에 너무나도 큰 죄가 된다. 반대로 기도를 한다는 것은 가정 일을 내 힘으로 하는 것을 포기하고 창조주 하나님께 의지한다는 의미가 있기에 은혜가 된다.

기도는 하늘의 능력을 땅에 잇는 것이다. 아내의 기도는 하늘의 보물창고를 가정의 창고에 연결시키는 중요한 역할을 한다. 아내의 기도에 따라 가정의 풍성함이 좌우된다. 아내의 기도는 가정의 문제를 해결하는 열쇠이다. 온 가족이 하나님 앞으로 나아가 가족의 모든 문제를 내려놓고 기도하게 하는 모본의 주체가 바로 아내이기 때문이다. 그러기 위해서는 기도의 원천인 말씀으로 마음을 충만하게 채워야 한다. 마르지 않는 샘처럼 쉬지 않고 기도하려면 말씀이 충만하게 축적되어 있어야 한다.

이 책은 나의 전작인 「가정을 세우는 남편의 기도」와 더불어 가정을 세우고 자녀를 형통하게 하는 기도서의 짝을 이루는 책이다. 이 기도서를 통하여 가정을 풍성하게 채워 영육 간에 은혜를 누리는 삶이 되었으면 한다.

이 책의 1부에서는 기도하는 아내와 성경 속 아내들의 기도를 정리했다. 특히 요게벳을 비롯한 한나, 마노아의 아내, 아비가일, 에스더를 거쳐 엘리사벳, 마리아, 유니게에 이르기까지 신구약성경에 나오는 은혜받은 아내들의 이야기를 통해 아내의 기도가 왜 필요한지, 또 성경의 아내들은 어떻게 기도했는지를 자세히 소개하고 있다.

2부에서는 아내를 위한 실제적인 생활기도문을 소개했다. 특히 일상 기도문과 말씀을 통해 기도하는 말씀 파노라마 기도문은 이 책의 핵심부분이다. 그동안 우리의 기도는 내가 좋아하는 제목을 정하고 그 제목에 따라 기도하는 것이 대부분이었다. 하지만 이 책에서는 기존의 방식을 넘어 본질적인 기도 방법을 새롭게 소개한다. 그것은 말씀을 따라 기도하는 말씀 파노라마 기도문이다.

창세기부터 요한계시록까지 신구약성경 66권의 핵심내용을 개관하면서 기도할 수 있도록 기도문을 정리했다. 이렇게 구성한 것은 일상에 하나님의 말씀을 가지고 직접 기도를 경험할 수 있도록 하기 위해서였다. 아니 말씀과 기도를 일치시켜 일상에서 말씀이 기도로 습관화되도록 하기 위해서였다. 우리는 그동안 말씀과 기도를 분리시켜 생각했다. 이런 점에서 성경 전체의 내용을 배우면서 그것으로 기도하는 말씀 파노라마 기도문은 일상에서 유익한 기도 지침이 된다.

또한 한 구절 말씀으로 기도하는 파노라마 기도문은 매 순간 말씀을 묵상하며 기도하는 데 큰 도움이 된다. 아울러 아내가 하루를 살아내기 위한 일상 기도문 역시 사탄의 유혹을 이겨내고 더 큰 신앙으로 자라가는 데 디딤돌 역할을 한다. 그러면서 일상에서 주님과 깊은 교제를 하도록 도우미 역할을 한다. 이 책에서 소개하는 기도 방법들은 기존의 기도 방법과 달리 말씀에 근거한 창조적인 기도법으로써 기도하고 싶은 아내들에게, 가정을 하나님의 은혜로 가득 채우길 원하는 아내들의 기도에 큰 지침이 되어줄 것이다.

기도가 어려운 점은 항상 기도해야 한다는 것이다. 생각날 때 기도하는 것은 누구나 할 수 있다. 하지만 쉬지 않고 매 순간 기도하는 일은 그리 쉽지 않다. 기도를 하나님과 만나는 삶으로 생각하면 매일 매 순간 할 수밖에 없다. 하지만 문제 해결을 위한 도구 정도로만 여긴다면 기도만큼 어려운 일도 없을 것이다.

기도는 만남이요 인격적인 삶이다. 기도는 아내가 가정에서, 또는 일터에서 하나님과 만나는 시간인데, 그 시간은 마음과 정성을 다하는 위대하고 특별한 영적시간이다. 그렇기에 아내들이여, 가정에서, 직장에서 매 순간 기도의 성소를 가져보자. 세상을 이기는, 믿음의 역사를 경험하는 은혜의 장소로 삼아보자.

"믿음의 기도는 병든 자를 구원하리니 주께서 그를 일으키시리

라. 혹시 죄를 범하였을지라도 사하심을 받으리라. 그러므로 너희 죄를 서로 고백하며 병이 낫기를 위하여 서로 기도하라. 의인의 간구는 역사하는 힘이 큼이니라"(약 5:15-16).

이 책을 집필하면서 늘 곁에서 가정과 사역과 목회를 위해 기도에 힘쓰는 아내의 모습이 내 마음에서 떠나지 않았다. 기도하는 아내가 곁에 있다는 것이 얼마나 감사하고 든든한지 모른다. 내가 지금까지 본 아내의 모습 중에서 기도하는 모습이 가장 아름다웠다. 지금까지 우리 가정이 이렇게 든든히 세워지고 점점 풍성해진 것은 모두 다 아내의 기도 덕분이었다. 아내에게 다시 한번 감사하며, 더불어 가정을 함께 세워온 사랑하는 아들 샘과 딸 기쁨이에게 고마움을 전한다. 모든 영광을 하나님께 올려드리며….

글쓴이 이대희

[PART 2] 아내를 위한 생활기도문

[CHAPTER 1]   ⋯ 072

삶을 풍성하게 하는
일상 기도문

가정을 풍성하게 하는
말씀 파노라마 기도문

— 아름다운 창조를 이루는 가정을 위한 기도문 (창 1-2장)
— 하나님의 형상을 닮는 기도문 (창 2장)
— 부부가 하나님 안에서 하나 되는 기도문 (창 2장)
— 사탄의 유혹을 이기는 기도문 (창 3장)
— 서로를 위한 기도문 (창 3장)
— 하나님께 인정받는 가정을 위한 기도문 (노아의 가정 1)
— 하나님께 인정받는 가정을 위한 기도문 (노아의 가정 2)
— 하나님께 인정받는 가정을 위한 기도문 (노아의 가정 3)
— 약속을 따라 결단하는 기도문 (아브라함 1)
— 약속을 따라 결단하는 기도문 (아브라함 2)
— 예배의 삶을 위한 기도문 (야곱)
— 가족을 섬기고 봉사하는 기도문 (요셉)
— 가족을 위한 기도문 (출애굽기 유월절 신앙)
— 가족을 위한 기도문 (출애굽기 홍해의 구원)
— 가족을 위한 기도문 (십계명으로)
— 하나님 사랑을 위한 기도문 (십계명 1-4계명)
— 이웃 사랑을 위한 기도문 (십계명 5-10계명)
— 세상에서의 승리를 위한 기도문 (민 6:22-27, 아론의 기도)
— 복 있는 사람을 위한 기도문 (시 1편)
— 주님을 목자로 삼는 기도문 (시 23편)
— 진정한 즐거움을 위한 자녀 기도문 (시 119:9-16)

P·a·r·t·1

：
：
：

기도하는
아내가
가정을 지킨다

위대한 아내가 되는 길

아내에게는 집안에서 두 가지 중요한 역할이 있다. 그것은 남편을 돕는 배필로서, 자녀를 낳아 키우는 엄마로서의 역할이다. 남편이 약해져 있을 때 아내의 마음은 많이 아프다. 직장과 일터에서 힘들어하는 남편을 대신하여 무엇을 할 수도 없는 입장에 처하면 더 안타깝다. 자녀가 부모의 말을 듣지 않고 세상의 타락의 길로 갈 때 부모의 심정은 경험해 본 사람만이 알 수 있다. 특히 자녀를 낳은 엄마의 마음은 더 아프다. 이때 유일하게 할 수 있는 일이 기도이다. 남편과 자녀를 위해 유일하게 할 수 있는 일은 오직 기도뿐이다. 만약 기도마저 할 수 없다면 그다음은 더욱 절망적일 것이다.

아주 오래 전에 모니카(Monica, 333-387)는 아들 어거스틴 때문에 가슴 아파하며 그것을 해결하는 방법으로 기도하는 일을 쉬지 않았다. 할 수 있는 일은 오직 기도밖에 없었기 때문이다. 어거스틴의 어머니 모니카는 밤마다 아들을 위해 기도했다.

그런데 어느 날 꿈을 꾸게 되었다.

어느 청년이 모니카에게 다가와서 마음에 근심하고 있는 그녀에게 미소를 지으면서 물었다.

"왜 슬퍼하십니까?"

그러자 모니카는 자기의 심정을 말했다.

"제가 늘 기도하는 아들 어거스틴이 계속 타락의 길로 가는 것을 보면서 어찌 슬퍼하지 않을 수 있습니까?"

이때 그 청년이 아들의 모습을 살펴보라고 말했다. 모니카는 아들 어거스틴을 자세히 살펴보니 어머니 모니카 곁에 서 있었다. 이것은 아들이 다시 어머니에게로 돌아온다는 의미였다.

모니카는 꿈에서 깨어 답답한 마음에 당시 유명한 암부로시우스 감독에게 가서 아들 어거스틴이 돌아올 수 있도록 도와달라고 간청했다. 그때 암부로시우스 감독은 모니카에게 이렇게 말했다.

"걱정하지 마세요. 눈물로 기도하는 자식은 절대 멸망하지 않습니다."

결국 그의 말대로 어거스틴은 죄를 회개하고 주님께로 돌아와 힙포의 감독이 되었고, 역사가 배출한 위대한 신학자이자 성자로 불리는 성(聖) 어거스틴(Aurelius Augustine, 354-430)이 되었다.

　세상에서 인간이 할 수 있는 일 중에서 가장 위대한 일을 들라면 그것은 기도일 것이다. 믿음을 가지고 기도하는 어머니와 아내는 위대하다. 아내가 기도할 때 역사하는 힘은 우리가 생각한 그 이상으로 놀랍다. 자녀, 그리고 가족과 함께 동행할 수 없다면 기도하라. 기도하면 언제 어디서나 같이할 수 있는 최고의 방법이다. 기도로 같이하고 기도로 도와주면 자녀이든 남편이든 간에 힘을 얻고 하나님이 그와 함께하실 것이다.

아내, 그는 누구인가?

　　　　사람은 누구나 행복해지기를 원하지만 실상은 행복에서 점점 더 멀어지는 경우가 잦다. 더 많이 일하고 더 많이 벌어서 남들보다 더 많이 가지면 행복해지리라 생각하지만 그것으로는 행복을 얻을 수가 없다. 왜 그럴까? 행복은 물질이 아닌 영혼을 통해 주어지는 축복이기 때문이다. 행복은 마음에서 오는 것이지, 육신적인 만족에서 주어지는 것이 아니다. 행복은 보이지 않는 영역이다. 많은 사람이 이것을 착각한다. 행복을 보이는 것과 물질적인 것에서 얻고자 한다. 거기서부터 오해가 시작된다. 영은 영이요 육은 육이다. 영이 육으로 만족할 수 없다. 마음은 영적인 영역이다. 영적 관계가 회복될 때 마음의 행복을 얻을 수 있다.

인간이 사는 세상은 행복하지 않다. 왜 그런가? 행복의 근원에서 끊어졌기 때문이다. 인간이 행복을 얻는 통로는 하나님이다. 행복은 하나님을 만난 순간부터 시작된다. 인간은 하나님의 형상을 닮은 존재이기 때문이다. 인간은 하나님의 형상이 회복되면서부터 행복이 찾아온다. 그런데 인간은 행복의 근원인 하나님과의 관계를 끊어버리고 자기 스스로 하나님이 되는 길로 갔다. 그 이후부터 인간은 불행해졌다.

지금 우리가 겪고 있는 고난과 고통과 수고와 죽음은 모두 하나님과의 관계가 끊어짐으로써 생긴 현상들이다. 그런데 끊어진 하나님과의 관계 회복이 예수 그리스도의 죽으심으로 이루어졌다. 그 구원을 이루신 예수님이 세상에 오실 때 연약한 여자를 통하여 이루어졌다. 처녀 마리아를 통해 하나님은 인간의 몸을 입고 세상에 오셨다. 여자를 택하여 하나님의 구원이 임한 것이다. 그래서 갈라디아서 4장 4절에 "때가 차매 하나님이 그 아들을 보내사 여자에게서 나게 하시고"라고 언급하고 있는 것은 놀라운 반전이다. 처음에 인류를 죄에 빠트린 것이 여자였지만 하나님은 그 여자를 통해, 즉 가정의 아내와 같은 여자를 통해 다시 세상에 은혜를 베푸셨다. 죄가 많은 곳에 은혜를 더하신 것이다. 이것이 성경의 역사를 이어온 여자의 이야기다.

한국에서 아내로 살아가기

가정에서 아내의 역할은 중요하다. 가정의 힘은 아내에게서 나온다. 그동안 한국을 지켜온 힘은 아내였다. 아내가 가정을 지키며 자녀를 양육해서 오늘날 한국이 이렇게 선진국에 이르게 되었다. 교회도 마찬가지다. 대부분 여성도들의 힘으로 이렇게 성장했다. 조선시대에 여자는 제대로 대우받지 못하던 소외된 계층이었다. 그런데 복음이 들어오면서 여자들이 일어서게 되었고, 교회를 세우는 원동력이 되었다. 교회를 보면 여성의 비율이 70%에 가깝다. 가정에서는 엄마이자 아내로, 교회에서는 섬기는 봉사자로서 주춧돌 역할을 잘 감당해왔다. 기도의 자리에는 어김없이 여자와 엄마와 아내가 있었다. 이것이 한국교회를 세운 힘이다. 여성들은 지금도 그 힘을 여전히 발휘하고 있다.

그런데 사회가 점점 다변화되면서 아내들이 집을 벗어나 일하는 워킹맘으로 위치가 달라지고 있다. 맞벌이부부가 늘어나면서 이제는 예전 전업주부로서 아내의 모습을 찾아보기 어렵게 되었다. 그러다 보니 유독 맞벌이 가정에 힘든 상황이 많아지고 있다. 맞벌이 가정으로 인한 병폐가 사회 곳곳에서 일어나고, 그 발생하는 속도에 비해서 국가의 복지대책은 항상 뒤떨어지고 있다.

이로 인하여 우리나라 가정의 이혼율이 OECD 국가에서 1위라고 한다. 자녀의 가출률도 1위, 저출산율도 역시 1위라고 한다. 이제 가정의 존폐까지 위험한 지경에 왔다. 이 모든 원인의 중심에는 가정에서 전통적인 아내의 역할이 사라지면서 생기는 문제들이다. 지금 한국에서 한 가정의 아내로만 살아가기가 얼마나 버거운 상황인가! 가정에서 엄마로서, 아내로서 제 역할을 하면서 밖에서는 워킹맘으로 일까지 감당해야 하는 짐이 얼마나 무거운가!

아담이 지은 여자의 이름은 하와였다. 하와는 생명이라는 의미다. 생명은 모든 것의 시작이다. 가정의 시작은 아내이다. 왜 그럴까? 자녀를 낳고 자녀를 양육하며 남편을 돕는 것은 생명을 이어가는 위대한 일이기 때문이다. 가정을 살리는 근본은 생명인 아내에게서 시작된다. 아내가 약해지면 가정은 흔들린다. 아내 없는 가정은 지속되기 어렵다. 아빠가 없어도 엄마가 있으면 가정은 존속되지만 엄마가 없는 가정은 존속되기 어렵다. 이런 아내들이 지금 한국에선 그 역할을 감당하기 어려운 상황이 되었다. 가정이 살려면, 사회가 발전하려면, 교회가 부흥하려면 아내들에게 힘을 실어주어야 한다. 그들이 있는 곳에서 역할을 감당할 수 있도록 온갖 노력을 기울여야 한다.

점점 악해져가는 세상에서 아내들이 살아야 하는데 그것이 생각처럼 만만치 않다. 세상을 이기는 힘을 얻어야 하는데 그런 아내들이 점점 사라지고 있다. 이제는 자녀를 낳지 않는 부부가 많아지고 결혼을 기피하는 성인 남녀가 늘고 있다. 그것은 아이를 낳아 키우고 가정을 세우는 일이 갈수록 힘들기에 나타나는 사회적 현상이다.

이런 세상의 흐름 속에서 아내들은 악전고투하고 있다. 그 속에서 그리스도인 아내는 더욱더 어렵다. 세상과는 다른 삶을 살아야 하는 거룩한 소명 때문이다. 세상과 반대로 물길을 헤치고 하나님의 뜻을 찾아가야 하는 짐이 더 있다. 이것을 이루려면 내 힘으로는 안 되고 새로운 힘을 얻어야 한다. 그것을 해결하는 방법은 무엇인가? 아내가 살고, 가정과 교회가 살아나는 길을 찾아보도록 하자.

사사시대와 같은 가정

지금 우리 가정에서 일어나고 있는 일들을 잠시 살펴보자. 가정의 희망은 자녀들이다. 그런데 자녀 양육이 갈수록 어렵다. 가정마다 자녀와 전쟁 중이다. 그 싸움의 중심에 아내가 있다. 그중에서도 자녀를 올바르게 키우는 일은 무척 어려운 일이다. 특히 하나님의 말씀으로 언약을 이어가게 하는 것은 더욱더 힘들다.

현재의 세상문화는 너무나 화려해서 너나 할 것 없이 눈과 마음이 그것에 빠져 있다. 아무리 게임을 멈추라고 해도 자녀들은 듣지 않는다. 스마트폰에 중독된 자녀들을 말씀으로 돌이키게 하는 것은 너무나 버거운 일이 되었다. 타락한 물질문화에 접촉한 자녀들은 점점 세상의 유혹에 노출되어 위험한 상황에 처해 있다. 이것을 위해 부모가 앞장서서 그들을 하나님께 향하게 해야 하는데 그것도 역시 만만치 않다. 그런 점에서 지금은 총체적 위기의 시대이다.

성경을 보면 이스라엘이 가나안 땅을 정복한 후 그 땅에서 살아간 사사시대의 이야기가 나온다. 사사기는 이스라엘의 영적 실패의 상황을 그리고 있다. 사사기는 출애굽하여 가나안에 들어온 이스라엘이 어떻게 패망해 가는지를 자세히 말해준다. 오늘날 우리가 반면교사로 삼아야 할 귀중한 말씀이다.

왜 하나님은 이스라엘에게 가나안을 약속의 땅으로 주셨는가? 가나안은 깨끗하고 좋은 곳이 아니라 애굽처럼 악이 가득한 곳이었다. 이런 곳을 이스라엘에게 주신 것은 말씀으로 그 땅을 거룩하게 세우라는 뜻이 들어 있었다. 그곳을 거룩한 하나님의 나라로 변화시키라는 의도가 담겨 있었다. 바알 숭배로 가득한 우상의 나라에 이스라엘을 통해 세상의 참 신이 하나님이라는 사실을 증거하는 데 가나안 정복의 목적이 있었다. 그래서 광야생활 40년을 통하여 말씀을 의지하는 훈련을 했고, 그 말씀의 힘으로 가나안을 정복했다.

가나안을 정복한 것은 이스라엘의 힘이 아닌 하나님이 함께하신 말씀에 순종한 역사였다. 출애굽한 전 세대가 홍해를 건넌 것처럼 그 다음세대가 요단강을 건넜고, 여리고 성을 정복하면서 이전과 같은 기적을 경험하게 했다. 어떤 민족도 광야에서 40년을 지낸 예가 없었다. 200만 명 정도의 민족이 광야에서 40년을 산다는 것은 불가능한 일이었다. 하나님이 도와주시지 않으면 일어날 수 없는 신비한 사건이었다.

그런데 이런 체험을 했던 이스라엘이 가나안 땅에 들어가서는 지금까지 하나님이 행하신 일을 잊어버리고 가나안문화에 혼합되었다. 물론 말씀도 잊어버렸다. 그 결과 그들은 하나님의 뜻을 알지 못하고 자기 소견대로 행하는 어리석음에 빠졌다. 결국 왕이신 하나님을 포기하고 자기가 왕이 되는 세상 방법을 좇았다. 그것은 인간의 왕을 세우는 일이었다. 자기를 위해 싸워줄 왕을 세워 그들을 통하여 자기만족을 구했다.

왜 출애굽을 경험한 사람들은 믿음을 지켰지만 그 다음세대는 믿음을 이어가지 못했을까? 그것은 하나님의 말씀을 잊어버렸기 때문이다. 그렇다면 왜 그들은 하나님의 말씀을 잊었는가? 그것은 일차적으로 부모의 책임이 크다. 물론 자녀가 말씀을 거역하고 버린 이유도 있겠지만, 부모가 말씀을 전수하는 책임을 제대로 감당하지 못한 것이 가장 큰 원인이라 할 수 있다. 자손에게 하나님의 이야기를 들려주고 기억하게 하려는 노력이 부족했다고 할 수 있다. 자녀를 가르치는 방법은 이전에 모세가 신명기를 통해서 주신 말씀 중에 이미 나와 있다. 그것은 '쉐마'라고 알려진 말씀이다.

"이스라엘아 들으라. 우리 하나님 여호와는 오직 유일한 여호와이시니 너는 마음을 다하고 뜻을 다하고 힘을 다하여 네 하나님 여호와를 사랑하라. 오늘 내가 네게 명하는 이 말씀을 너는 마음에 새기고 네 자녀에게 부지런히 가르치며 집에 앉았

을 때에든지 길을 갈 때에든지 누워 있을 때에든지 일어날 때
에든지 이 말씀을 강론할 것이며 너는 또 그것을 네 손목에 매
어 기호를 삼으며 네 미간에 붙여 표로 삼고 또 네 집 문설주와
바깥 문에 기록할지니라"(신 6:4-9).

이것은 이스라엘 백성의 가정에서 부모가 자녀에게 말씀을 가르
치는 방법에 대해서 잘 정리해준다. 부모가 할 일은 자녀를 부지런
히 가르치며 어디서든지 강론하고 집안과 사람의 환경을 말씀으로
만들어 언제나 말씀을 기억하게 하는 일이다. 사사시대에는 이 지침
을 제대로 행하지 않았다. 지금 한국교회도 사사시대와 같은 상황이
다. 부모의 중요한 사명은 자녀를 말씀과 기도로 세우는 일이다. 이
것은 곧 한국교회와 한국사회를 세우는 길이기도 하다.

자녀 교육은 부모 중에서 엄마의 역할이 더 중요하다. 엄마가 이
일을 얼마나 잘 감당하느냐에 따라 가정과 교회의 미래가 결정된다.
그런데 지금의 문제는 엄마가 자녀와 함께할 시간이 없다는 점이다.
바쁜 시간을 내 자녀를 가르칠 여력이 없다. 그러다 보니 사교육에
의존할 수밖에 없다.

엄마가 자녀와 함께할 수 없는 지금의 상황은 많은 그리스도인
가정의 고민이다. 특히 맞벌이하는 워킹맘에게 이것을 요구하는 것
은 더욱 큰 무리다. 자녀 교육이 점점 힘들어질 수밖에 없는 사회적
구조 속에 살고 있는 것은 너무나 안타깝다. 자녀와 함께하는 시간이

없다 보니 말씀을 가르치고 강론하는 것은 엄두가 나지 않는다. 안타까운 현실이지만 이것은 가정에서 부모의 역할, 특히 엄마이자 아내인 여자의 역할이 얼마나 중요한지 다시 생각하게 하는 부분이다.

느헤미야시대와 같은 아내들

하나님의 말씀에서 떠난 이스라엘은 결국 바벨론 포로 70년의 시기를 보내게 된다. 70년 후에 하나님은 이스라엘을 귀환하게 하시고, 에스라와 느헤미야를 통하여 나라를 다시 세우게 하셨다. 이들을 통해 예루살렘 성전과 성벽을 재건하였다. 그리고 느헤미야는 말씀 사경회를 통해 백성들의 개혁을 이루었다. 하지만 그것도 잠시, 느헤미야가 다시 돌아와 보니 이스라엘은 더 악해져 있었다.

그중에 가장 심각한 것은 가정이 무너진 것이었다. 이방여자와 결혼함으로써 자녀들이 히브리어를 모르는 상태가 되었다. 히브리어를 모르면 성경을 읽을 수가 없다. 이것은 아내가 말씀에 관심이 없고 자녀들은 성경을 배우지 않았다는 점을 말한다. 말씀을 떠난 가정과 자녀들을 통해 당시 이스라엘 상황이 어떠했는지 알 수가 있다. 자녀를 말씀으로 세우는 데는 아내의 역할이 크다. 아내가 말씀과 기도로 바로 서지 않으면 가정을 온전히 세우기 어렵다. 결국 이스라엘은 이렇게 하여 패망의 길을 가게 되었고, 400년의 침묵기를 지냈다. 암흑의 시대가 된 것이다. 아내의 역할이 얼마나 중요한지 다시 생각하게 한다. 가정과 교회를 하나님의 집으로 세우는 데 아내의 역할은 아무리 강조해도 지나치지 않다.

지금 한국교회도 비슷한 상황이다. 교회에 나오는 자녀의 수가 급격히 줄어들고 있다. 어떻게 해야 그들을 교회로 오게 하고 말씀으로 돌아오게 할까? 그 해결의 중심에 아내가 있다. 아내가 살아야 한다. 엄마가 일어서야 한다. 지금은 믿음의 가정의 자녀들조차 교회를 떠나고 있는 위기 상황이다. 어떻게 해야 그들을 주님에게로 돌아오게 할 수 있는가? 부모가 살아야 하고, 특히 아내가 일어서야 한다. 그렇지 않으면 한국교회에는 미래가 없다.

세상의 문화는 갈수록 발달하고 있다. 자고나면 세상이 달라져 있다. 우리 자녀와 가족이 그 세상 속에 존재하고 있는 것이 현실이다. 그러다 보니 가정과 자녀가 세상에 물드는 것은 한순간이다. 마치 이스라엘 백성이 가나안 땅에서 가나안문화에 지배당한 것처럼 세상의 문화에 우리 자녀들은 급속도로 젖어 들고 있다. 하나님을 경외하기보다는 세상을 숭배하는 흐름 속에서 우리 자녀를 지키고 가정을 세우는 일은 아주 중요한 일이다.

아내가 무너지면 가정은 순식간에 무너진다. 가족을 사랑하고 자녀를 위해 눈물로 기도하는 아내야말로 마지막까지 가정을 지키는 원동력이다. 자녀는 여자가 자기 생명을 주고 낳은 존재이기에 본질적으로 자녀를 사랑하는 힘이 남편보다 더 크다. 이런 아내가 말씀과 기도에 무장하지 않으면 자녀를 바르게 세울 수 없고 가정을 지키기 힘들다.

갈수록 시대가 악하고 무섭다. 갈수록 삶이 바빠지면서 본질적인 일보다는 비본질적인 일에 사로잡히기 쉽다. 정신 차리고 근신하지 않으면 앞으로는 믿음을 지키기 더 어려울 것이다. 이 일에 아내는 중요한 위치에 서 있다. 다음 장에서는 이처럼 중요한 아내를 살리는 실질적인 방법을 모색해보고자 한다.

기도하는 아내는 아름답다

아내가 가정에서, 그리고 교회나 사회에서 힘을 얻고 살기 위해서는 무엇을 해야 할까? 그것은 기도이다. 기도는 매일 드리는 산 제사이다. 구약성경에 보면 날마다 드리는 제사가 있다. 이것을 상번제라고 한다. 제사를 드리면서 이스라엘 백성들은 하나님의 거룩함을 닮아갔다. 자신을 죽이는 제사를 통하여 점점 하나님의 성품으로 변화되었다. 이것이 제사를 드리는 이유였다. 지금은 구약시대처럼 소와 양으로 매일 제사드릴 필요가 없다. 예수님이 오셔서 자기 몸을 단번에 제물로 드림으로써 우리 죄를 해결하셨기 때문이다. 이제는 누구든지 예수님을 믿으면 하나님 앞에 나아가서 예배드릴 수 있게 되었다.

그렇다면 우리는 아무것도 하지 않아도 된다는 말인가? 그렇지 않다. 십자가에서 나를 위해 죽으신 예수님을 믿고 영접한 사람은 이미 십자가에서 죽은 존재이다. 옛 사람은 죽었다. 지금은 새 사람이 되었다. 존재론적으로는 이것이 완전히 이루어졌다. 믿음으로 인하여 주신 하나님의 은혜이다. 하지만 세상에 사는 동안에는 여전히 육신을 입고 있기에 육신으로 짓는 죄가 있다. 우리는 그것을 날마다 회개하고 용서를 받아야 한다. 그렇게 되면 구원의 즐거움에 참여하게 된다.

이미 십자가에서 죽은 자신을 발견하고 새 사람으로서 삶을 살아가야 하는데 이것이 만만치 않다. 자꾸 옛 사람이 살아나기 때문이다. 그것이 우리를 힘들게 하는 부분이다. 망령처럼 살아나는 죄를 우리가 해결할 방법은 자기가 죽었다는 사실을 인정하고 하나님을 바라보는 것이다. 매일 매 순간 자신을 내려놓고, 자신을 십자가에 죽이고, 하나님의 인도하심만을 바라는 것이다. 그럴 때 비로소 나는 죽고 내 안에 예수님이 살게 된다. 이것이 바로 성숙한 그리스도인의 삶이다.

그렇다면 날마다 죽고 날마다 사는 것을 어떻게 이룰 수 있는가? 그것은 기도를 통해서다. 기도는 제사와 같다. 기도를 통해서 우리는 자기를 죽이는 일을 하게 된다. 기도는 하나님 앞에서 자신을 드리는 일이다. 하나님과의 대화를 통하여 하나님 앞에 자신을 내려놓고 하나님의 뜻대로 사는 순종의 사람이 되는 것이다. 아무리 어려운 일이라 해도 기도하면 이루어진다. 그것이 기도의 힘이다. 아내의 가장 강력한 무기는 돈이나 재능이나 배경이 아니다. 날마다 드리는 낙타무릎에 있다. 자기의 연약함을 알고 날마다 주님께 내맡기는 기도가 자신을 살리고 가정을 형통하게 하는 가장 강력한 능력이다.

하나님은 기도하는 사람을 찾으신다. 어려운 시대에 자기의 힘을 의지하기보다는 하나님께 도움을 구하는 행동하는 기도의 사람을 찾으신다. 이 일을 누가 할 것인가? 그것이 아내의 사명이다. 물론 온 가족이 이 일을 해야 한다. 하지만 아내가 가정의 제사장으로서 사명을 가지고 남편과 함께 이 일에 동역해야 한다. 제사는 죽는 것이다. 기도 역시 자기가 십자가에 죽은 것을 확인하면서 자신을 죽이는 일이다.

우리 집의 주인은 예수님이시다. 그런데 주인 된 주님이 역사하시려면 내가 죽어야 하고, 주님을 섬기는 가정이 되어야 한다. 주님은 기도하는 엄마이자 아내를 통해 가정을 세우기 원하신다. 세상에서 가장 아름다운 모습은 기도하는 아내의 모습이다. 무엇을 할 때 자기를 의지하지 않고 하나님을 의지하는 아내의 모습은 보기만 해도 아름답다. 자기 힘으로 하지 않고 주님께 아뢰며 기도하는 아내의 모습은 가정을 살리고 풍요롭게 한다.

아내가 기도해야 하는 이유

많은 아내가 마음은 있지만 실제는 기도하지 않는 경우가 잦다. 왜 그럴까? 그것은 기도의 이유를 깊게 묵상하지 않기 때문이다. 기도하는 것과 하지 않는 것은 어떤 차이가 있는가? 물론 기도하지 않아도 하나님은 우리를 돌보신다. 하나님은 선인과 악인에게 동일하게 해와 달과 공기를 주신다. 하나님을 믿지 않는다고 해서 당장 그 사람에게 심판을 행하지 않으신다. 그들에게도 은혜를 베푸신다. 그러다 보니 굳이 하나님을 믿을 필요가 없다고 생각하기 쉽다. 만약 심판이 임한다면 무서워서라도 하나님을 찾게 될 것이다. 하지만 하나님은 그렇게 하지 않으신다. 그리스도인이 하나님을 믿으면서도 기도하지 않는 가장 큰 이유는 기도하지 않아도 당장 큰 문제가 생기지 않아서다. 기도하지 않고도 아무런 문제없이 일상생활을 영위하고 있기 때문이다.

하지만 길게 보면 이것이 얼마나 어리석은 짓인지 알게 된다. 기도하는 사람과 기도하지 않는 사람의 차이는 예수님을 주인으로 두고 있느냐 두고 있지 않느냐에 있다. 모든 일을 내가 처리하는 사람은 기도하지 않는다. 그러나 예수님이 나의 삶을 주관하시는 주인이라는 믿음이 있다면 당연히 먼저 묻고 그 뜻을 파악한 후 행할 것이다. 기도하지 않고 자기 스스로 일을 처리하는 것은 길게 보지 못해서다. 당장은 내가 하면 쉽게 이룰 수 있다고 생각하지만 길게 가면 갈수록 그것은 실패하고 만다. 하지만 기도한다는 것은 모든 것을 주님이 주도하시게 맡기고, 자신은 주님의 명령에 순종하는 삶의 방식을 선택하는 것이다.

다윗은 기도하는 사람이었다. 무슨 일을 하든지 자기 생각대로 하지 않고 하나님께 물었다. 블레셋과 전투할 때도 자기 생각대로 하지 않고 하나님께 뜻을 구한 후 전쟁을 했다. "지금 블레셋을 치러 갈까요? 말까요?" 이렇게 묻고 하나님이 가라면 가고 멈추라면 멈추며, 하나님이 지시하는 대로 따라 행했다. 그 결과 다윗은 어떤 전투에서도 늘 승리할 수 있었다. 하나님이 먼저 가셔서 전쟁을 승리하게 하신 후 자기는 그것을 확인하는 삶을 살았다. 다윗은 모든 것을 하나님의 주권에 의지했다.

또한 사울이 쫓아와서 죽이려 할 때 다윗은 오히려 사울을 죽일 수 있는 절대적인 기회가 두 번이나 있었다. 하지만 그때마다 하나님을 생각하며 하나님의 방법대로 행했다. 기름 부음을 받은 종은 하나님이 처리하신다는 원리를 끝까지 따르고 사울을 죽이지 않았다. 하나님의 주재권(Lordship)에 순종한 것이다.

왜 기도하는가? 그것은 하나님의 방식대로 살기 위해서다. 하나님을 생각하고 하나님의 말씀을 이루는 일에 초점을 두고, 하나님과의 영적 교제를 통하여 이것을 먼저 확인하는 것이 중요하기 때문이다. 기도한다는 것은 하나님의 위대한 능력을 따르는 삶을 의미한다. 흔히 기도하면 자기의 유익을 구하고 잘되는 것만 생각하기 쉬운데 그렇지 않다. 기도의 핵심은 하나님의 뜻을 이루는 데 있다. 그리스도인의 기도는 자기의 뜻을 관철하는 것이 아니다. 구하고 찾고 두드리는 기도는 자기의 욕심을 내려놓는 과정이다. 그것은 기도를 통하여 하나님의 마음에 합한 지점을 찾는 것이다.

아내가 기도하는 이유는 우리 가정의 일을 하나님에게 초점을 맞추기 위해서다. 가정이 잘되는 길은 하나님이 도와주시는 길밖에 없다. 그렇다면 어떻게 하면 하나님이 우리 가정을 도와주실까? 하나님은 선하신 분이다. 악을 행하시는 분이 아니다. 하나님의 선한 일을 찾아가면 하나님이 우리 가정을 도와주신다. 그 선한 일을 찾아가는 것이 바로 기도이다. 마음에 욕심을 가지면 선한 것이 보이지 않는다. 기도는 그 마음을 내려놓고 깨끗한 마음으로 오직 하나님만을 바라보는 시간이다. 기도하지 않으면 모든 일을 내가 한 것처럼 착각하게 된다. 하지만 기도하고 일을 시작하면 마칠 때도 하나님의 인도하심으로 믿고 찬양하게 된다.

성경은 쉬지 말고 기도하라고 말한다. 왜 날마다 기도해야 하는가? 인간의 마음은 수시로 달라지고 세상의 죄악 된 곳에 이끌리기에 날마다 주님 안에서 주어진 일을 결정해야 한다. 인간은 본래 악해서 기도하지 않으면 결국 자신의 욕심이 드러난다. 이것은 모든 인간에게 있는 속성이다. 이것을 안다면 우리는 당연히 기도해야 한다. 특히 중요한 일을 할 때는 더욱더 기도해야 한다. 그리하여 하나님의 생각을 품고 일을 시작해야 한다. 아내가 가정의 여러 가지 일을 결정하고 행할 때 기도를 통해 하나님의 선하고 온전한 뜻을 분별하는 것이 필요하다.

하늘의 보고(寶庫)를
여는 기도를 배우라

아내가 기도하기 위해서는 기도의 능력을 배우는 것이 중요하다. 기도의 힘이 얼마나 대단한 것인지 알고, 그것에 대한 믿음을 가지면 기도에 더욱더 힘쓸 수 있다. 많은 사람이 기도하지 않는 이유는 기도의 능력에 대한 확신이 부족해서다. 그렇다면 어떻게 하면 기도의 능력을 믿을 수 있을까? 어떻게 하면 기도에 더욱 힘쓸 수 있을까? 이것을 보여주는 한 사건이 있다. 바로 예수님의 기도이다.

누가복음 3장 21~22절에 보면 예수님이 공생애를 시작하기 전에 세례 요한에게 세례를 받는 장면이 나온다. 그때 예수님이 기도하시는 장면이 소개된다. "기도하실 때에 하늘이 열리며 성령이 비둘기 같은 형체로 그의 위에 강림하시더니 하늘로부터 소리가 나기를 너는 내 사랑하는 아들이라. 내가 너를 기뻐하노라 하시니라." 예수님이 기도하실 때 하늘이 열리며 성령이 비둘기처럼 예수님 위에 강림했다. 이 장면은 기도가 무엇인지 잘 알려주는 말씀이다.

기도는 하늘과 땅이 만나는 통로이다. 하늘의 보고(寶庫)를 열어 땅에 임하게 하는 것이다. 기도를 통하여 하늘의 영광이 임한다. 예수님에게 임한 성령의 역사는 기도를 통해 일어났다. 그리고 하나님의 음성도 기도를 통해 들렸다. 예수님은 우리에게 기도의 역사가 무엇인지 그대로 보여주셨다. 이것은 우리가 왜 기도해야 하는지, 기도하면 어떤 능력이 임하는지 잘 보여준다.

이를 좀 더 잘 설명해주는 말씀이 있다. 그것은 예수님이 오천 명을 먹이신 오병이어 사건이다. 예수님은 벳새다 광야에서 오천 명 무리에게 먹을 것을 주라고 제자들에게 말씀하셨다. "너희가 먹을 것을 주라." 예수님은 제자들에게 불가능한 일을 말씀하셨다. 겨우 가져온 것이 물고기 두 마리와 보리떡 다섯 개였다. 그런데 이것을 가지고 어떻게 그 많은 사람을 먹일 수 있었을까? 이 땅의 일로는 이룰 수 없었다. 인간의 힘으로는 도저히 불가능했다. 그러나 예수님이 그 일을 할 수 있는 모본을 보여주셨다. 예수님은 물고기 두 마리와 보리떡 다섯 개를 가지고 축사하셨다. 그리고 나누었는데 모든 사람이 먹고도 열두 광주리가 남았다. 예수님이 여기서 하신 일은 축사하신 것 외엔 없었다. 축사하신 것 외에는….

축사는 감사하고 찬양하는 기도이다. 아버지가 많은 사람에게 먹을 것을 주실 줄 믿고 감사하며 찬양하는 믿음의 기도를 의미한다. 무리를 배부르게 먹여주시고, 그것을 통하여 예수님이 하늘에서 내려온 산 떡임을 세상이 알게 하는 영적 의미까지 담고 있다. 여기서 예수님의 기도는 단순히 떡만 먹는 기도가 아닌 영적 의미까지 포함되었다. 하늘의 뜻이 땅에 이루어지는 순간이었다. 이것이 기도를 통하여 이루어졌다.

이것이 기도이다. 기도는 단순히 나의 만족만을 구하는 것이 아니라 하나님의 뜻이 증거되는 것과 연결된다. 그것을 이루는 것이 기도이다. 그래서 기도하면 하나님이 이루신다. 하나님은 하늘의 음식창고를 매일 열어 자기 백성을 40년 동안 먹이고 살게 하셨다. 이것이 기도를 통해 이루어지는 놀라운 역사이다. 하나님을 믿지 않는 세상사람은 기도의 힘이 얼마나 위대한지 이해하지 못한다.

우리는 기도를 단순히 주문처럼 생각하는 경향이 크다. 그러다 보니 가볍게 생각하고 기도하지 않는다. 그러나 진정한 기도의 능력을 안다면 기도하지 않을 수 없다. 아내에게는 가정의 일을 감당해야 하는 무거운 책임이 있다. 그것을 인간의 힘으로만 해결하려면 어렵다. 수고하지만 만만치 않다. 뜻대로 안 되면 불평과 원망을 한다. 아니면 남편 탓을 하든지 환경으로 책임을 돌린다. 그때 해결할 수 있는 위대한 방법이 기도하는 것이다.

이것을 위해서 하나님을 믿는 자녀에게 기도하는 특권을 주셨다. 그런데 왜 우리는 기도하지 않고 걱정만 할까? 기도의 본질을 아직 알지 못해서다. 위대한 기도의 능력을 믿지 못해서 그렇다. 그러나 세상을 이기는 힘은 기도이다. 하나님의 능력이 우리 가정에 임하게 하는 열쇠가 바로 기도인 것이다. 그렇기에 우리는 기도를 오롯이 사용해야 한다. 믿음의 기도는 역사하는 힘이 크다.

구약성경에 보면 엘리야가 나온다. 엘리야는 우리와 같은 평범한 사람이다. 성경은 우리와 성정이 같은 사람이라고 말한다. 그런 그가 비가 오지 않기를 간절히 기도하니 삼 년 육 개월 동안 비가 오지 않았다. 다시 기도하니 하늘이 비를 주고 땅이 열매를 맺었다. 무엇을 의미하는가? 그것은 기도가 하늘을 여는 열쇠라는 사실을 보여주는 것이다. 아무에게나 열쇠가 있는 것이 아니다. 오직 예수님을 믿는 사람들에게만 하늘의 창고를 여는 천국 열쇠가 주어진다. 그것이 기도이다. 기도하면 세상에서 하늘을 열어 비가 오게 할 수 있다. 또한 닫게 할 수도 있다. 이것은 인간이 하는 일이 아니다. 기도를 들으신 하나님이 이루시는 것이다. 이것이 기도의 능력이다. 우리가 생활하는 가정에는 이런저런 크로 작은 어려움이 많다. 그것을 혼자 해결하려고 하지 말고, 지금부터 이루어주시는 하나님께 기도하자. 기도의 능력을 믿고 하나님께 아뢰자.

아내들이여! 이래도 기도하지 않겠는가? 하늘의 보고를 여는 위대한 기도를 주신 하나님께 감사하며 기도를 사용하자. 아내들이여! 먹을 것을 주라. 주님은 우리에게 동일하게 말씀하신다. "기도할 수 있는데 왜 걱정하느냐?"

오직 하나님의 도움으로만 고아원을 운영한 조지 뮬러는 기도의 능력을 아는 사람이었다. 사람에게 의존하지 않고 기도함으로써 고

아들을 먹이고 입혔다. 그렇게 기도하면서 살아온 그가 받은 기도 응답의 횟수는 5만 번 이상이었다. 얼마나 놀라운 일인가? 조지 뮬러는 하나님과 마음이 일치된 사람이었다. 그래서 그의 기도는 하늘의 창고를 여는 능력이 있었다.

하나님은 뮬러의 기도를 듣고 사람들의 창고를 열어 고아들을 먹이고 입히셨다. 조지 뮬러가 먹인 것이 아니다. 하나님이 고아들을 먹이고 입히신 것이다. 어떻게? 기도를 통해서. 하나님을 전적으로 신뢰하고 하나님의 나라와 의를 구하는 뮬러의 기도를 듣고 역사하셨다.

오늘 우리에게도 이와 같은 일이 일어날 수 있다. 아내들에게 있는 최고의 무기는 기도이다. 이것을 믿음으로 사용하면 하나님은 하나님의 일을 우리를 통하여 이루신다.

"솔로몬이 여호와의 전과 왕궁 건축을 마치고 솔로몬의 심중에 여호와의 전과 자기의 궁궐에 그가 이루고자 한 것을 다 형통하게 이루니라. 밤에 여호와께서 솔로몬에게 나타나사 그에게 이르시되 내가 이미 네 기도를 듣고 이곳을 택하여 내게 제사하는 성전을 삼았으니 혹 내가 하늘을 닫고 비를 내리지 아니하거나 혹 메뚜기들에게 토산을 먹게 하거나 혹 전염병이 내 백성 가운데에 유행하게 할 때에 내 이름으로 일컫는 내 백성이 그들의 악한 길에서 떠나 스스로 낮추고 기도하여 내 얼굴

을 찾으면 내가 하늘에서 듣고 그들의 죄를 사하고 그들의 땅
을 고칠지라. 이제 이곳에서 하는 기도에 내가 눈을 들고 귀를
기울이리니 이는 내가 이미 이 성전을 택하고 거룩하게 하여
내 이름을 여기에 영원히 있게 하였음이라. 내 눈과 내 마음이
항상 여기에 있으리라"(대하 7:11-16).

기도의 능력은 솔로몬의 기도에서도 잘 보여준다. 하나님은 솔
로몬에게 성전에서 하나님을 향해 기도하면 그 기도를 들으시고, 하
늘을 닫고 비를 내리지 아니하거나 전염병이 유행할 때에도 백성들
이 악한 길을 떠나 자기를 낮추고 겸손하게 기도하고 하나님의 얼굴
을 찾으면, 하늘에서 듣고 그들의 죄를 용서하시고 땅을 고쳐준다고
말씀하신다. 기도를 통해서 이루어주신다는 것이다. 기도의 능력을
보여주신다는 것이다. 우리는 기도만 하면 된다. 나머지는 하나님이
이루신다. 이것은 기도의 능력이 얼마나 위대한지 잘 보여준다.

하늘을 닫고 여는 능력이 이 세상에 있을까? 세상의 무엇이 아무
리 크고 대단하다 할지라도 모두 땅의 일이며 하늘을 움직일 수 없
다. 하지만 기도는 하늘을 여는 능력을 가지고 있다. 그런 점에서 우
리에게 기도하라고 하는데 우리는 그것을 믿지 못한다. 그리고 기도
하지 않는다. 이렇게 보면 기도하지 않는 것은 죄이다. 그것은 하나
님의 역사를 거부하는 일이기 때문이다.

아내들이여, 기도에 힘쓰라. 기도의 능력을 믿고 항상 기대감을

가지고 기도하라. 위대한 일을 위해 하나님은 기도의 특권을 우리에게 주셨다. 하나님은 기도를 통하여 가정을 온전히 세우기를 원하신다. 이런 기도의 힘을 믿는가? 어려울수록 기도하며 문제를 극복하자. 우리 가정에 하나님의 눈이 머물고 있음을 믿고 기도의 특권을 적극적으로 사용하자. 기도할 수 있다는 것에 감사하자. 이와 관련해서 사도 바울은 이렇게 권면한다.

> "아무것도 염려하지 말고 다만 모든 일에 기도와 간구로 너희 구할 것을 감사함으로 하나님께 아뢰라"(빌 4:6).

말씀을 이루는 기도에
목숨을 걸라

하늘을 여는 기도가 되기 위해서는 무엇이 필요할까? 기도한다고 하나님이 무조건 다 들어주시는 것은 아니다. 기도는 하나님의 성품과 맞아야 한다. 우리가 구하는 것이 하나님의 성품이나 뜻과 다르면 하나님은 움직이지 않으신다. 능력 있는 기도의 조건은 하나님의 뜻과 일치해야 한다는 것이다. 기도는 하나님의 뜻을 찾는 과정이다.

내가 하나님의 뜻을 안다 해도 그것을 이루기 위해서는 한 사람이 죽어야 한다. 주인이 둘이 될 수는 없다. 그렇다면 당연히 내가 죽어야 한다. 내가 죽는 과정은 어렵다. 내가 죽기 위해서는 많은 시간과 인내의 과정이 필요하다. 기도 응답의 시간이 오래 걸리는 것도 내가 죽는 과정이 쉽지 않기 때문이다. 이것을 안다면 기도를 쉽게 포기해서는 안 된다. 이것을 잘 알지 못하다 보니 지속적으로 기도하지 못하고 중도에 포기하고 마는 것이다.

알고 보면 기도할 수 있는 것도 내 힘으로는 안 된다. 나의 의지를 가지고 기도하는 것은 인본주의 모습이다. 그렇게 기도하면 기도를 오래 지속하기 어렵고 억지로 하게 된다. 이것을 해결하려면 기도의 능력을 경험하여 그 힘으로 기도해야 한다. 기도는 나와의 싸움이다. 편안하게 기도할 수는 없다. 기도에는 수고와 고통과 희생이 포함된다. 이런 기도는 내 힘으로 할 수 없다. 하나님이 능력을 주셔야 가능하다.

그러면 어떻게 기도의 능력을 받아 기도에 힘쓸 수 있을까? 그것은 하나님의 말씀을 붙잡고 기도하는 것이다. 그리스도인의 기도는 말씀을 붙잡고 기도하는 것이다. 그럴 때 기도가 힘을 발휘한다. 많은 사람이 기도는 하고 싶지만 막상 기도하려면 힘들어한다. 얼마 하다가 그만둔다. 왜 그럴까? 그것은 자기 힘으로 하려고 하기 때문이다. 그러나 기도를 힘 있게 하는 방법은 말씀을 붙잡고 하는 것이다. 이것은 기도뿐 아니라 모든 일에 다 적용된다.

"만일 누가 말하려면 하나님의 말씀을 하는 것같이 하고 누가
봉사하려면 하나님이 공급하시는 힘으로 하는 것같이 하라"
(벧전 4:11).

그리스도인은 무엇을 하든지 목적이 하나님의 말씀을 이루는 것
과 관계가 있다. 그것에 사로잡히면 저절로 힘이 난다. 어떤 어려운
일도 가능하다. 아내가 기도하기 위해서는 먼저 가정을 향하신 하나
님의 뜻이 무엇인지 말씀을 통해 확신을 갖는 일이 필요하다. 그렇
게 될 때 기도에 힘쓰게 된다. 기도는 내가 하지만 하나님이 이루시
는 것이다. 하나님이 이루시기 위해서는 하나님의 뜻대로 구하는 것
이 가장 중요하다.

"우리가 무엇이든지 구하는 바를 들으시는 줄을 안즉 우리가
그에게 구한 그것을 얻은 줄을 또한 아느니라"(요일 5:15).

하나님은 하나님의 뜻과 맞으면 우리의 기도에 응답해주신다.
하지만 하나님의 뜻과 거리가 있으면 아무리 구할지라도 들어주지
않으신다. 나의 욕심을 가지고 구하면 그 기도는 헛된 메아리가 된
다. 이렇게 보면 아내의 기도에서 가장 중요한 것은 먼저 하나님의
말씀에 거하는 일이다. 기도하기 전에 말씀에 사로잡히는 시간이 필
요하다. 성경을 읽고 나를 향한 하나님의 뜻이 무엇이며, 우리 가정

이 어떻게 쓰임받기를 원하는지 깊게 묵상하고 살펴야 한다.

이렇게 보면 기도와 말씀은 서로 하나이다. 우리는 기도를 따로 생각하는 경향이 짙다. '내가 원하는 바를 기도하면 하나님은 들어주시겠지' 하면서 무조건 구하기만 한다. 그것은 하나님 없는 이방인의 기도방식이다. 그들은 무조건 오래 기도하면 이루어진다고 생각한다. 자기가 정성을 쌓으면 응답된다는 생각이다. 하지만 그렇지 않다. 그들의 기도는 상대방은 큰 문제가 안 된다. 그것이 설사 우상일지라도 그 대상이 누구인가는 그렇게 중요하지 않다. 오직 자기의 욕망을 위한 도구일 뿐이고, 결국은 자기의 소원이 이루어지는 데 초점이 맞추어져 있다. 하지만 우리의 기도는 다르다. 그들과는 거꾸로다. 우리의 기도는 나의 뜻이 아닌 하나님의 뜻이 이루어지는 것이 기도의 핵심이다.

예수님의 기도는 이것을 분명하게 정리해준다. 예수님의 겟세마네 기도를 보면 우리가 어떻게 기도해야 하는지 모범을 보여주신다. 예수님은 자기의 죽음을 앞두고 제자들을 데리고 겟세마네 동산에 기도하러 가셨다. 마지막 밤을 기도로 보내셨다. 왜 기도가 필요했을까? 그것은 하나님의 뜻을 이루기 위한 것이었다. 밤을 지새우면서 땀이 피처럼 되도록 간절히 기도한 힘은 하나님의 뜻을 구하는 데 있었다. 반면 제자들은 주님이 세 번째 와서 깨울 때까지 자고 있었다. 지금 상황이 어떤지 전혀 분간을 하지 못하고 있었다. 분명히 주님이 제자들에게 같이 기도하자고 부탁했음에도 그들은 피곤하여 잠을 잤다.

　제자들은 왜 기도하지 못했을까? 반면에 주님은 어떻게 기도하셨을까? 어디에 차이가 있는 것일까? 제자들은 왜 피곤함을 이기지 못하고 모두 잠들었을까? 그리고 왜 예수님을 버리고 모두 도망쳤을까? 그것은 인생의 목적에 달려 있었다. 제자들은 여전히 하나님의 뜻보다 자기의 뜻이 먼저였다. 주님을 따르면서도 자기의 영광이 목적이었다. 하지만 예수님은 하나님의 뜻이 어디에 있는지 그것에 마음을 집중하셨다. 그것이 기도하게 한 힘이었다. 그런 주님을 하늘의 천사들이 도왔다. 왜냐하면 그 일을 이루는 것은 하나님이 기뻐하시는 일이었기 때문이다. 오늘 우리도 이런 기도를 해야 한다. 그렇게 되면 하나님이 움직이시고, 우리가 기도할 수 있도록 힘을 부여하고 도우신다. 이런 기도를 하고 싶지 않은가?

　　"너희가 내 안에 거하고 내 말이 너희 안에 거하면 무엇이든지
　　원하는 대로 구하라. 그리하면 이루리라"(요 15:7).

기도하는 아내가 되기 위해서는 기도의 순서를 바로잡는 일이 필요하다. 내가 원하는 것을 구하기 전에 먼저 하나님의 뜻을 찾는 기도가 먼저다. 여기서 기도의 능력을 얻게 된다. 이 비결을 터득하는 것이 중요하다. 많은 사람이 이런 기도의 원리를 모르고 기도하다 보니 기도의 지속성이 사라지고 기도에 능력이 나타나지 않는 것이다. 강력한 이유에서 강력한 행동이 나온다. 왜 기도해야 하는지 그것을 깊게 묵상하는 게 기도에 앞서 해야 할 일이다. 성경에 나오는 인물들의 기도는 한결같이 이런 원리를 적용한 기도였다. 그렇기에 여자이면서 아내이자 엄마로서 기도로 승리한 믿음의 아내들을 성경 속에서 살펴보고 그들 닮기를 소망한다면, 아내로서 우리 기도의 길도 보일 것이다.

요게벳처럼 기도하라

　　이스라엘 백성이 애굽에서 400년 동안 노예생활을 할 때 하나님은 한 사람을 통하여 그들을 구원하셨다. 그 사람은 바로 모세였다. 출애굽기에 보면 모세가 태어나는 과정이 비교적 자세히 소개되고 있다. 어머니 요게벳은 어려운 상황 속에서 모세를 낳았다. 당시 애굽에선 히브리인이 아이를 낳을 때 남자면 모두 죽였다. 요게벳은 아이를 낳고 석 달 동안 숨기다가 더 이상 숨길 수 없게 되자 갈대상자에 담아 나일강에 띄웠다. 전적인 하나님의 도우심으로 바로의 딸이 아이를 발견하고 데려다가 키우게 된다. 나중에 모세의 어머니 요게벳은 유모가 되어 젖먹이며 아이를 키웠다.

　어린 시절에 어미가 모세를 어떻게 키웠을지 상상이 간다. 성경에는 구체적인 양육방법에 대해 언급하고 있지 않지만 요게벳은 기도와 말씀으로 모세를 키웠을 것이다. 그가 장성하여 자신이 히브리인임을 알고 있었다는 것은 어릴 때 어머니가 양육한 결과라고 할 수 있다. 그녀는 보이지 않게 기도하고 가슴 졸이면서 은밀하게 신앙교육을 했을 것이다. 얼마나 간절하게 기도했을지 짐작이 간다. 결국 모세는 나중에 이스라엘을 구원하는 지도자가 된다. 어릴 때의 교육이 얼마나 중요한지 잘 보여주는 대목이다. 어머니 요게벳은 자기 욕심이 아닌 하나님의 뜻대로 사는 데 목표를 두고 모세를 위해 기도했을 것이다.

어릴 때 교육은 평생 간다. 어머니의 기도는 이런 점에서 매우 중요하다. 자녀를 양육할 때 특히 어린 시절은 중요한 황금기이다. 0~6세 정도의 시기는 아이가 평생을 이기는 힘을 얻는 기간이다. 이때 어머니는 자녀를 기도와 말씀으로 양육해야 한다. 이 시기는 뇌가 아직 덜 발달한 시기이다. 자기 판단력이 생기지 않은 때이다. 그러므로 이 시기에는 주입하는 대로 저장이 된다. 이때 나쁜 것을 접하게 되면 세상의 악한 것이 마음에 자리 잡게 된다. 하지만 기도와 말씀으로 키우면 평생 하나님의 사람으로 성장하는 인생의 기틀을 마련할 수 있다.

모세의 어머니는 자녀 양육의 황금기를 놓치지 않았다. 생명의 위험을 각오하고 유모가 되어 모세를 어릴 적부터 양육한 어머니 요게벳의 위대한 점은 바로 자녀 양육의 시기가 얼마나 중요한가를 잘 보여주는 아주 훌륭한 모범이 된다. 오늘날 어머니들이 본받아야 할 모습이다. 아내들이 기억해야 할 중요한 자세이다.

0~6세, 더 나아가 12세까지로 시기를 잡아야 한다. 이때 자녀와 같이하면서 말씀과 기도로 키우는 일에 목숨을 걸어야 한다. 요즘에는 다른 일보다 가장 중요한 이 일을 등한시하는 부모가 많다. 특히 엄마들이 이 일의 소중함을 잘 모른다. 놀이방과 유치원에 맡기는 것으로 책임을 다한다고 생각하지 말고 아이와 함께하는 시간을 가능한 많이 가지면서 말씀과 기도를 먹여야 한다. 이것은 부모가, 특히 엄마가 힘쓰지 않으면 누구도 대신해주지 않는 소중한 일이다.

미래의 모세를 생각해보면 지금 자녀를 위해, 특히 어린아이가 있는 경우는 더욱더 깊게 생각해야 할 부분이다.

이때 자녀를 위한 기도문으로 내가 쓴 「자녀 축복 침상기도문」 (브니엘)을 활용하면 큰 도움이 될 것이다. 기도문을 반복하여 아침 저녁에 수시로 읽어주면서 기도하면 아이에게도 좋지만 기도하는 엄마 자신에게도 유익이 될 것이다. 이것은 같이 기도하는 효과가 있다. 정말 자녀가 하나님의 사람으로 자라길 원한다면 기도는 핑계 대거나 피할 수 없는 일이다.

한나처럼 기도하라

사무엘상에 보면 엘가나의 아내 한나의 이야기가 나온 다. 한나는 자식이 없었다. 하지만 다른 부인(첩)은 자식이 있었다. 이 일로 한나는 많은 괴로움을 당했다. 자식이 없는 아내로서 고통 을 받던 한나는 하나님께 간절히 기도했다. 그녀의 기도는 우리의 기도와 달랐다. 아들을 주시면 하나님께 드리겠다고 서원하면서 기 도했던 것이다. 얼마나 간절히 기도했는지 당시 제사장이었던 엘리 는 한나가 술 취한 것으로 생각할 정도였다. 엘리는 한나에게 "네가 언제까지 취하여 있겠느냐. 포도주를 끊으라"(삼상 1:14)고 책망하 기까지 했다.

하나님은 이런 한나의 간절한 기도를 들으셨고 한나는 사무엘을 낳았다. 그렇다면 한나의 기도는 어떤 기도였는가? 왜 이렇게 간절히 기도했는가? 그 힘은 어디서 나온 것일까? 그것은 하나님의 영광을 위해 아들을 낳겠다는 그 마음이었다. 그것이 하나님의 마음에 합하였다. 그 결과 소원하는 아들을 하나님이 주셨다.

기도의 가장 중요한 핵심은 하나님의 마음에 얼마나 합한 것인가이다. 나를 위한 기도인가? 아니면 하나님의 나라를 위한 것인가? 한나가 아들을 구한 것은 자기를 위해서가 아닌 하나님의 일을 위한 기도였다. 그런 이유로 기도가 간절했고, 누가 비난한다 할지라도 낙심하지 않고 기도할 수 있었다. 브닌나 때문에 당한 자기의 한을 푸는 기도가 아니라 오히려 그럴수록 먼저 그의 나라와 의를 구하는 기도를 했다. 결국 그렇게 태어난 사무엘은 위기의 사사시대 이후에 하나님의 뜻을 전하는 선지자로서, 지도자로서의 삶을 살았다.

나의 기도는 무엇을 위한 기도인가? 한나의 기도는 오늘 우리에게 기도의 목적을 바르게 알려준다. 지금 나의 기도를 점검해보자. 하나님의 뜻을 이루기 위한 간절한 마음을 달라고 기도하자. 이것도 물론 내 힘으로 되는 것은 아니다. 하나님이 소원함을 주셔야 된다. 이런 소망을 달라고 먼저 기도하자. 그 뜻을 붙잡고 기도하는 열정이 생기게 될 것이다.

마노아의 아내처럼
기도하라

사사시대는 암흑의 시대였다. 점점 타락의 정도가 심해져 나중에는 거의 패망의 지경까지 이르게 되었다. 마지막 사사였던 삼손의 이야기가 사사기 13장에 소개된다. 그런데 여기에 한 무명의 여자가 등장한다. 그녀는 삼손의 어머니인데 이름이 없다. 아버지는 마노아이다. 우리는 그녀가 마노아의 아내인 것만 안다. 마노아 부부에게는 아이가 없었는데, 어느 날 주의 사자가 나타나서 아들을 낳을 것이라고 말해주었다. 그 아들이 구별된 나실인이며 사사였던 삼손이다. 블레셋으로부터 핍박받는 이스라엘 백성들을 구원할 자로 선택받아 태어났다.

마노아와 그의 아내는 주님의 사자가 나타난 것에 대해 서로 대화를 나누다가 자기들에게 나타난 사람이 여호와의 사자인 줄 알게 되었다. 그때 마노아는 "우리가 하나님을 보았으니 반드시 죽으리로다"(삿 13:22)라고 말한다. 그러나 마노아의 아내는 "여호와께서 우리를 죽이려 하셨더라면 우리 손에서 번제와 소제를 받지 아니하셨을 것이요 이 모든 일을 보이지 아니하셨을 것이며 이제 이런 말씀도 우리에게 이르지 아니하셨으리이다"라고 믿음으로 받아들인다. 그 후에 마노아의 아내가 아들을 낳게 되었다.

기적은 언제 일어나는가? 하나님의 말씀을 믿고 그분을 신뢰할 때 역사가 일어난다. 기도의 능력은 믿음에서 온다. 주님을 신뢰한 마노아 아내의 모습은 하나님의 기적을 일으키기에 합당했다. 그때는 아이를 달라고 하지 않아도 하나님이 허락하신다. 하나님과 우리의 뜻이 합해지는 순간에 기적은 일어난다.

우리는 기도를 하면서 응답을 원한다. 그런데 응답이 바로 일어나지 않는다. 만약 하나님의 역사가, 응답이 나타나지 않는다면 나의 기도가 하나님의 뜻과 말씀에 얼마나 합한지를 살펴보아야 한다. 기도는 위대한 특권이다. 하늘을 움직이고 하늘의 문을 여는 열쇠이다. 하지만 기도가 만능열쇠처럼 넣기만 하면 열리는 마술도구는 아니다. 기도를 이렇게 생각하면 하나님을 오해한 것이다. 기도하면 이루어진다는 것은 그 안에 하나님의 뜻과 하나 될 때라는 전제가 숨어 있다. 이것이 바로 기도의 비밀이다.

대화는 사람과의 관계를 해결하는 도구이다. 하지만 어떤 사람과 대화를 많이 한다고 해서 그 대화가 힘이 있는 것은 아니다. 대화를 통하여 상대방의 마음과 일치될 때 그 시간은 아주 즐겁다. 그렇지 못하고 다른 마음을 가지고 있다든지 자기 뜻을 관철하기 위한 대화라면 그런 대화는 의미가 없다. 아무리 많은 시간을 들여 대화해도 헛되다. 대화할 때 가장 힘든 사람이 있다. 자기 이야기만 계속하는 사람이다. 많은 시간을 대화하면서 오직 자기 이야기만 늘어놓고, 그것을 들어주기를 바라는 사람이 있다.

기도도 이와 같다. 자기의 욕구를 채우는 의미로 기도가 드려진다면 그런 기도는 힘이 없다. 하나님의 마음보다 기도 자체로만 가치를 둔다면 그런 기도는 죽은 기도이다. 지금부터 우리의 기도를 새롭게 하자. 하나님의 뜻에 맞추는 시간으로 만들자. 나의 이야기를 한풀이처럼 늘어놓고 스트레스를 푸는 그런 기도를 이제 과감히 버리자. 진정한 기도는 믿음을 전제로 하고 하나님의 뜻을 찾아가는 과정이다.

아비가일처럼 기도하라

사무엘상 25장에 보면 어리석은 나발의 아내인 아비가일이 나온다. 아비가일은 "나의 아버지는 기쁨이다"라는 뜻을 가지고 있다. 그녀는 "총명하고 용모가 아름답다"(삼상 25:3)고 성경은 말한다. 여기에서 '총명하다'는 단어는 잠언에서 '지혜롭다'(잠 1:3)는 말과 같다. 후에 아비가일은 다윗의 아내가 된다.

아비가일은 자기 남편인 나발보다 다윗을 더 생각하여 지혜로운 행동으로 다윗을 구했다. 다윗이 자칫 분노함으로 죄를 지을 수 있는 순간을 돌이키게 함으로써 다윗을 감동시켰다. 그녀가 다윗에게 한 말은 우리에게 많은 것을 깨닫게 해준다. 그녀는 다윗에게 선한 왕이 악을 행하면 나중에 왕이 될 때 걸림돌이 된다고 과감히 말했다. 그러니 잠깐의 분노를 쉬고 하나님의 일을 먼저 생각하라는 그녀의 지혜로운 조언을 다윗은 이렇게 받아들였다.

"다윗이 아비가일에게 이르되 오늘 너를 보내어 나를 영접하게
하신 이스라엘의 하나님 여호와를 찬송할지로다. 또 네 지혜
를 칭찬할지며 또 네게 복이 있을지로다. 오늘 내가 피를 흘릴
것과 친히 복수하는 것을 네가 막았느니라. 나를 막아 너를 해
하지 않게 하신 이스라엘의 하나님 여호와의 살아 계심을 두
고 맹세하노니 네가 급히 와서 나를 영접하지 아니하였더면
밝는 아침에는 과연 나발에게 한 남자도 남겨 두지 아니하였
으리라 하니라. 다윗이 그가 가져온 것을 그의 손에서 받고 그
에게 이르되 네 집으로 평안히 올라가라. 내가 네 말을 듣고 네
청을 허락하노라"(삼상 25:32-35).

아비가일의 조언은 악을 악으로 갚지 말고 선으로 악을 이기라
는 의미였다. 자기의 남편을 구하고 자기의 유익을 구하는 것이 보
통 사람들의 모습인데 육적인 것과 자신의 유익보다는 하나님의 뜻
을 먼저 생각하여 다윗에게 서슴없이 직언한 아비가일은 대단한 여
자였다. 어떻게 악으로 가득한 나발에게 이런 지혜와 선함을 가진
아내가 있었는지 의아할 정도로 아비가일의 지혜로운 행동은 주목
받을 만했다.

아마 아비가일은 기도함으로써 이런 일을 행했을 것이다. 그녀

의 마음에는 오직 언약을 이루시는 하나님의 뜻이 있었다. 우리도 이런 마음으로 기도하면 갑자기 힘을 얻고 기도의 능력이 나타날 것이다. 다윗이 아비가일에게 축복한 것처럼 하나님이 우리의 기도를 들으시고 축복하실 것이다.

하나님을 감동하게 하는 그런 기도가 필요하다. 우리의 기도가 시간이 가면 갈수록 이런 기도의 지경으로 넓어져야 한다. 당장 눈앞의 일에만 매몰되는 것이 아니라 하나님의 넓은 마음을 가지고 문제를 바라본다면 기도를 통하여 우리는 더욱더 지혜롭게 될 것이다. 기도는 사람을 더 지혜롭게 한다. 기도하는 아내는 하나님의 지혜가 충만하여 가정에 닥친 문제를 위기 속에서 구하는 아비가일과 같은 기도의 사람이 될 수 있다.

에스더처럼 기도하라

에스더는 거대한 제국인 바사의 왕비가 된다. 이방인으로서 127도의 거대한 나라의 왕비가 된다는 것은 상식적으로 불가능한 일이다. 이것은 전적으로 하나님의 도우심이 있었기에 가능한 일이었다. 어느 날, 유대인이 위기에 처하자 모르드개는 왕비인 에스더에게 말했다. "네가 왕후 자리를 얻은 것이 이때를 위함이 아닌지 누가 알겠느냐"(에 4:14). 에스더가 왕후가 된 것은 바로 하나님의 인도하심이었다는 것이다. 왕후가 목적이 아닌 하나님의 일을 위해 된 것이라는 뜻이었다. 자신의 일이 정말 하나님의 나라와 의를 구하는 것인지 아는 것은 쉬운 일이 아니다. 우리는 언제나 이것을 생각하며 살아야 한다. 최종 목표는 하나님의 뜻과 관련 있고 그 뜻을 이루는 것이다. 이것을 중심으로 생각하면 어려울 것이 없다.

에스더는 모르드개의 말을 듣고 마음의 결단을 했다. 하나님께 자신을 제물로 드려 기도하기로 마음을 정하고 금식하며 기도했다. 자신을 위해 백성들도 금식하며 목숨 걸고 기도해달라고 요청했다. 그리고 에스더와 모든 백성이 다 한마음으로 금식하며 기도했다. 이때 에스더의 기도는 하나님의 의를 위한 기도였다. 자신의 안위를 생각하는 것이 아니라 목숨 걸고 '죽으면 죽으리라'는 마음으로 간절히 삼 일 동안 기도했다.

에스더의 기도는 유대인을 위한 기도이자 하나님의 언약을 이루는 기도였다. 그것에 사로잡히니까 죽음이 두렵지 않고 기도에 힘이 생겼다. 그리하여 담대히 왕 앞에 나가서 죽기를 각오하고 자신을 드릴 수 있었다. 왕의 규례를 어기고 나가는 에스더는 전쟁터에 나가는 영적 군사와 같은 모습이었다. 결국 하나님은 에스더에게 지혜를 열어 하만을 멸망하게 하신다. 아무도 생각지 않은 일이 한순간에 반전을 일으켜 유대 백성을 구하는 역사를 이룬 것이다.

이것이 기도의 힘이다. 기도가 인간이 하는 일이라면 하나님은 기도의 응답으로 일하신다. 기도는 하나님과 동역하는 일이다. 혼자서 할 수 없는 일을 하나님과 같이 이룬다. 기도하는 순간 하나님이 움직이신다. 인간을 도와주는 것이 아니라 하나님 자신을 위해서 일하신다. 인간이 기도하지만 하나님은 그 기도를 통해 하나님의 뜻을 이루신다.

오늘날의 아내는 에스더와 같은 사명을 가지고 가정에서 주어진 일을 감당해야 한다. 아무것도 염려하지 말고 위기에 처할수록 하나님 앞에 나아가 기도하면 된다. 우리가 기도하는 하나님은 보편적인 신의 차원을 넘어선다. 아버지 되는 하나님이시다. 자녀 된 우리가 아버지에게 기도하면 들어주신다. 우리가 이런 아버지를 믿고 산다는 것은 엄청난 축복이다. 이것은 예수님을 믿는 자에게 주어진 특권이다. 예수님의 이름으로 기도하면 하나님이 들으시고 그 일을 이루신다.

우리에게 기도라는 위대한 선물이 있다. 두려워하지 말고 기도를 적극적으로 활용해야 한다. 기도는 세상의 어떤 것보다 강력한 능력이 있다. 하나님은 기도하는 자를 돌보시며, 그의 기도에 응답하신다. 하나님 없이 드리는 기도는 하늘에 날리는 공허한 메아리다. 받을 분이 없는 기도는 의미가 없다. 하지만 우리에게는 언제나 우리의 기도를 듣고 있는 하나님이 계신다. 하나님과 동행하며 날마다 우리의 구할 바를 아뢰며 하루를 살아가자. 기억하라. 기도하는 아내가 있는 가정은 절대로 무너지지 않는다.

엘리사벳처럼 기도하라

　　　　누가복음에 보면 처음에 한 여인이 등장한다. 그녀는 하나님 앞에서 의인이었다. 하나님의 말씀을 그대로 지켜 흠 없이 행한 사람이었다. 그런데 그녀에게는 아이가 없었다. 나이가 많아서 아이를 가질 가능성이 희박한 상황이었다. 이런 시기에 남편 사가랴에게 주의 사자가 임하여 말씀하신다. 네 아내 엘리사벳이 아들을 낳아줄 것인데 그 이름을 요한이라 하라고 한다. 그러자 사가랴는 나도 늙고 아내도 나이가 많은데 어떻게 그런 일이 일어날 수 있는가 하고 의문을 품었고, 그 순간부터 말을 못하게 된다. 하나님이 하시는 일을 믿지 못했기 때문이다. 아내가 하나님의 말씀대로 잉태하자 엘리사벳은 이렇게 행하신 은혜를 찬양하고 기도한다. 엘리사벳은 친척 마리아가 주님을 잉태하고 방문하자 태중의 아이를 찬양하며 주님이 하신 말씀이 반드시 이루어진다고 믿고 마리아를 축복한다.

　엘리사벳의 세례 요한 잉태는 불가능한 상황에서 일어난 하나님의 기적이다. 그것은 예수님을 예비하기 위해 6개월 전에 온 마지막 선지자 세례 요한의 사건이다. 엘리사벳의 찬양과 기도는 하나님의 역사를 이루는 것과 관계가 있다. 모태로부터 성령 충만함을 받은 세례 요한은 하나님을 위하여 세운 백성을 준비하기 위해, 하나님의 의를 이루기 위해 태어났다. 엘리사벳은 복받은 여자였다. 하나님의 일에 사용되었기 때문이다.

아내의 기도는 어떤 기도가 되어야 할까? 주신 자녀에 대해 인간의 욕망이 아닌 하나님의 나라를 세우는 것을 바라보고 감사하는 것에서부터 시작되어야 한다. 시작이 달라야 마지막도 다르다. 과연 우리는 자녀를 하나님의 일을 이루는 도구로 생각하고 양육하는가? 그런 목적을 가지고 기도하고 있는지 점검해야 한다. 그런 목적을 가지고 기도하면 그 순간 힘이 나고, 어떤 어려움도 이길 수 있으며, 끝까지 인내하고 기도할 수 있다. 세례 요한은 순교하면서까지 하나님의 일을 준비하는 역할을 감당했다. 예수님께서 여자가 낳은 사람 중에 세례 요한보다 더 큰 자가 없다고 말씀하실 정도로 세례 요한은 큰일을 감당했다.

우리가 낳은 자녀도 세례 요한처럼 될 수 있다. 그러기 위해서는 자녀를 말씀으로 키우고, 그 말씀을 이루는 도구가 되길 소망하며 기도에 힘써야 한다. 세상에서 가장 위대한 일은 자녀를 낳아 하나님의 일에 쓰임받는 인생을 살게 하는 것이다. 비록 자녀를 낳는 일이 힘들지만 세상에 그보다 더 위대한 일은 없다. 수많은 재물을 얻는 것보다 비록 가난할지라도 아이를 낳아 세례 요한처럼 잘 키워 하나님에게 드린다면 이보다 위대한 삶은 없을 것이다.

요즘 젊은 사람들은 결혼을 해도 자녀를 낳지 않으려는 경향이 짙다. 그러면 안 된다. 자기 힘으로 아이를 낳을 수 없지만 하나님의 은혜로 자녀를 주신다면 그것보다 더한 일은 없다. 세례 요한을 낳은 엘리사벳처럼 우리도 자녀를 낳아 그런 역사에 동참한다면 얼마나 즐겁고 가치 있는 일일까? 세상 것을 얻지 못한다 해도 한 자녀만 낳아 잘 양육한다면 세상에 와서 큰일을 감당한 것이다. 자녀를 낳아야 엘리사벳과 같은 역사를 체험할 수 있다.

마리아처럼 기도하라

성경에서 마리아는 여자 중에 가장 복받은 사람으로 기록되었다. 요셉의 아내로서 마태복음 족보에 당당하게 이름을 올리는 축복을 받았다. 예수님을 잉태하는 일은 아무에게나 일어나는 축복이 아니다. 깨끗한 믿음을 지킨 그녀의 모습을 하늘에서 보시고 그녀가 잉태하게 되었다. 그렇다면 어떻게 마리에게 그런 일이 일어날 수 있었을까? 인간의 생각으로는 이해가 안 된다. 하지만 그녀는 자손대대로 이어온 약속을 믿고 살았다. 하나님 앞에서 조용히 믿음을 지킨 여인이었다. 그리고 요셉의 약혼녀였다.

당시 마리아가 어느 정도 믿음이 있었는지는 하나님의 말씀에 대한 그녀의 고백과 기도, 찬양에서 그대로 나타난다. 천사 가브리엘이 마리아에게 나타나서 말했다.

"무서워하지 말라. 네가 하나님께 은혜를 입었느니라. 보라. 네가 잉태하여 아들을 낳으리니 그 이름을 예수라 하라. …성령이 네게 임하시고 지극히 높으신 이의 능력이 너를 덮으시리니 이러므로 나실 바 거룩한 이는 하나님의 아들이라 일컬어지리라"(눅 1:30-31,35).

그러자 마리아는 겸손히 대답했다.

"주의 여종이오니 말씀대로 내게 이루어지이다"(눅 1:38).

이 어찌 대단한 믿음이 아니겠는가! 어떻게 이런 믿음이 그녀에게 있었는지 쉽게 이해가 안 된다. 정말 복받은 여인이다.

그리고 마리아의 찬가로 유명한 기도문은 그녀가 그동안 얼마나 하나님의 말씀에 사로잡혀 있었고, 그것을 소망하며 살았는지 잘 보여준다. 우리의 기도는 이런 모습을 보기 어렵다. 오직 하나님의 준비된 일이 이루어질 줄 믿고 살았는데 그 은혜가 마리아에게 임했다. 결코 우연한 일이 아니었다. 십대 정도인 젊은 여자가 어찌 이런 믿음을 소유할 수 있었는지, 가정에서 얼마나 믿음으로 잘 양육했는지 짐작할 수 있다.

"마리아가 이르되 내 영혼이 주를 찬양하며 내 마음이 하나님 내 구주를 기뻐하였음은 그의 여종의 비천함을 돌보셨음이라. 보라. 이제 후로는 만세에 나를 복이 있다 일컬으리로다. 능하신 이가 큰일을 내게 행하셨으니 그 이름이 거룩하시며 긍휼하심이 두려워하는 자에게 대대로 이르는도다. 그의 팔로 힘을 보이사 마음의 생각이 교만한 자들을 흩으셨고 권세 있는 자를 그 위에서 내리치셨으며 비천한 자를 높이셨고 주리는 자를 좋은 것으로 배불리셨으며 부자는 빈 손으로 보내셨도다. 그 종 이스라엘을 도우사 긍휼히 여기시고 기억하시되 우리 조상에게 말씀하신 것과 같이 아브라함과 그 자손에게 영원히 하시리로다 하니라"(눅 1:46-55).

마리아의 기도와 찬양은 지금 아내들의 기도가 어떠해야 하는지 그대로 보여주는 좋은 모델이 된다. 우리는 나 자신을 위한 기도에 몰입하지만 마리아의 찬양과 기도는 하나님이 행하시는 일에 초점이 있다. 그녀의 기도문을 보면 하나님의 사랑과 메시아의 신앙을 그대로 느낄 수 있다. 오늘 우리도 이런 기도를 해야 한다. 그런 기도로 믿음의 성화가 이루어지고 기도가 깊어져야 한다. 우리 자녀에 대한 비전이 이런 기도의 모습으로 이어져야 한다.

유니게처럼 기도하라

사도 바울의 영적 아들이자 바울이 마지막까지 말씀 전

파를 부탁한 사람은 디모데이다. 디모데가 어떻게 해서 바울의 제자가 되었을까? 디모데후서 1장 3~5절에 바울이 디모데에 대해 언급한 내용이 나온다.

"내가 밤낮 간구하는 가운데 쉬지 않고 너를 생각하여 청결한 양심으로 조상적부터 섬겨 오는 하나님께 감사하고 네 눈물을 생각하여 너 보기를 원함은 내 기쁨이 가득하게 하려 함이니 이는 네 속에 거짓이 없는 믿음이 있음을 생각함이라. 이 믿음은 먼저 네 외조모 로이스와 네 어머니 유니게 속에 있더니 네 속에도 있는 줄을 확신하노라."

디모데의 믿음은 3대에 걸쳐 내려온 뿌리 깊은 신앙이었다. 외조모 로이스와 어머니 유니게의 믿음이 그대로 디모데에게 전해졌는데, 그 믿음은 거짓 없는 믿음이었다. 이 믿음을 전해 받은 디모데는 청결한 양심을 가진 바탕이 좋은 사람이었다. 특히 그의 어머니 유니게의 영향이 컸다. 유니게는 디모데를 어떻게 키웠을까? 자세한 내용은 없지만 디모데의 믿음을 보면 알 수 있다. 아마 말씀과 기도로 기본기에 충실한 신앙교육이었을 것이다. 그런 이유로 바울이 디모데를 영적 아들이자 제자로 삼은 것이다.

특히 3대에 걸친 믿음의 유산은 특별한 것이다. 유대인 교육의 강점은 성경교육이다. 12세까지 철저히 말씀을 통한 인성과 영성을 다지는 일에 최선을 다한다. 아마 디모데의 깨끗한 양심과 믿음은 이런 교육과정에서 이루어진 것이라 볼 수 있다. 식탁에서 3대로 이루어진 밥상머리 교육을 지금도 유대인들은 행하고 있다. 3대에 걸친 믿음의 전수를 중시하며 그 믿음을 대대로 이어가는 것이 유대인 교육의 특징이다.

나는 유대인과 한국인의 밥상머리 교육에 대한 두 권의 책을 집필하면서 이런 교육의 강점을 소개했다. 밥상머리에서 3대가 모여 말씀과 기도로 지속적으로 가르친다면 디모데와 같은 자녀가 나올 수 있다. 믿음은 보고 배운다. 어머니의 기도하는 모습을 보고 자녀들의 믿음이 자란다. 말하는 것 이상으로 행함으로 가르치는 교육은 전인적이다. 유니게의 진실한 믿음이 디모데에게 그대로 전수되었다. 디모데에게 있는 믿음은 로이스와 유니게 속에 있던 것이었다고 말하는 것을 보면 유니게의 좋은 믿음이 그대로 디모데에게 영향을 주었다는 것을 짐작할 수 있다.

이것은 말로 교육되는 것이 아니라 행함과 모본으로 이루어진다. 어머니 유니게의 모습을 그대로 닮은 모델이다. 사도 바울이 "내가 그리스도를 본받는 자가 된 것같이 너희는 나를 본받는 자가 되라"(고전 11:1)고 말한 것처럼 디모데도 이런 믿음의 소유자였다고 볼 수 있다.

최고의 자녀 교육은 본을 보이는 것이다. 기도하는 어머니의 모습, 기도하는 아내의 모습이 가장 좋은 교육방법이다. 당장은 따르지 않아도 기도하는 엄마의 모습은 자녀에게 살아 있는 기도교과서가 된다. 기도하라고 말하기보다 내가 기도하면 된다. 이것이 가장 강력한 기도교육이다. 내가 먼저 기도하자. 이런 점에서 아내의 기도는 중요하고, 매일 기도하는 엄마, 항상 기도를 우선으로 생각하는 아내의 모습을 만들어간다면 그 가정은 기도하는 가정으로서 우뚝 서게 될 것이다.

기도로 가정을
거룩하게 하라

기도하는 가정은 망하지 않는다. 기도하는 아내가 있는 한 가정은 무너지지 않는다. 아내의 사명은 기도하는 일이다. 가정을 기도로 세우는 일에 열심을 품고 지혜를 구해야 한다. 기도의 제물이 된다면 하나님이 그 가정을 지켜주실 것이다.

기도한다는 것은 가정의 모든 일을 하나님에게 위탁한다는 의미이다. 우리는 가정을 나의 힘으로 세우려고 애쓴다. 인간적인 욕심과 경험으로 가정을 이끌어가려는 유혹이 생긴다. 이렇게 되면 나타나는 현상이 짜증과 걱정, 염려와 불안이다. 인간의 힘으로 하려고 하다 보니 안 되는 부분에 대해서는 죄악 된 현상이 자연스럽게 나타난다. 불신의 상황이 계속된다. 이렇게 되면 점점 하나님을 신뢰하기보다는 환경에 영향을 받고 환경을 바꾸려고 노력한다. 그러나 환경을 바꾼다고 해결되지 않는다. 오히려 환경을 바꾸려고 하면 할수록 인간은 환경에 매몰되고 그 함정에서 벗어나지 못한다.

이것이 위험한 점이다. 기도하지 않으면 이런 악순환이 계속된다. 이것이 또한 우리가 기도해야 하는 이유이다. 인간으로서 최선을 다하지만 할 수 없는 부분은 하나님에게 맡겨야 한다. 그러면 평안을 얻게 된다. 하지만 기도하지 않고 일하면 모든 것을 다 내가 책임져야 한다고 생각하기 쉽다. 하나님 없이 혼자 일하는 것은 아주 위험하다.

중요한 것은 인간이 노력한다고 해서 그것이 해결되는 것은 아니라는 점이다. 엄밀히 보면 인간이 할 수 있는 것은 없다. 내가 노력한다고 해도 그것 역시 하나님이 허락하시지 않으면 아무것도 할 수 없다. 모든 것은 하나님으로부터 비롯된다. 아침에 일어나서 하루를 시작하는 일도 하나님이 눈을 뜨게 하고 몸을 움직이게 하며 호흡할 수 있는 환경을 주셔야 가능하다. 실제로 인간의 힘으로만 할 수 있는 것은 아무것도 없다. 모든 것이 하나님의 은혜로 된 것이다.

이런 점에서 기도하는 삶은 우리가 모든 것을 하나님께 맡기는 것을 의미한다. 그렇게 되면 일이 잘 안 되어도 염려에서 벗어날 수 있다. 기도하는 사람과 기도하지 않는 사람은 이런 점에서 완전히 다르다. 세상의 삶은 늘 염려 속에서 살 수밖에 없다. 이것을 이기는 길은 기도밖에 없다.

"그러므로 하나님의 능하신 손 아래에서 겸손하라. 때가 되면 너희를 높이시리라. 너희 염려를 다 주께 맡기라. 이는 그가 너희를 돌보심이라"(벧전 5:6-7).

가정을 거룩하게 한다는 것은 하나님을 신뢰하는 가정으로 세운다는 뜻이다. 하나님이 지켜주심을 믿고 걱정과 염려를 벗어던지는 가정이 거룩한 가정이다. 어려움이 생기면 온 가족이 기도함으로 문제를 극복해 나가는 가정을 말한다. 하지만 하나님을 신뢰하지 못하면 인간의 힘으로 해결하려고 애쓴다. 물론 기도한다고 해서 아무 일도 하지 않는 것은 문제가 있다. 기도한다는 것은 아무 일도 하지 않고 오직 기도만 한다는 의미는 아니다. 일하되 그것이 하나님에게서 나온 것이요 하나님이 허락해야 가능하다는 믿음 안에서 행하는 것이다.

이렇게 일하면서 최선을 다하고 결과는 하나님께 맡기게 된다. 결과에 대해 안절부절하지 않고 잘되면 감사하고, 안 되면 더 좋은 길이 있음을 믿고 기다리는 것이다. 이것은 기도하는 자에게 주시는 축복이다. 하나님 안에서 평안을 얻게 된다. 일의 결과는 하나님의 손에 맡기고, 그 속에서 행하신 일을 묵상하며 사는 가정이 곧 거룩한 가정이다. 아내의 기도는 이것을 세우는 희생제물과 같다. 이런 가정을 위해 기도하는 일이 아내가 해야 할 일이다.

기도를 통해 믿음의 지경을 넓히고 기도를 통해서 주님의 마음을 읽는다면 그것이 거룩한 가정이다. 정말 거룩한 가정이 되고 싶은가? 기도하면서 시작해보자. 항상 기뻐하고 쉬지 않고 기도하면서 모든 일에 감사하는 삶을 모든 가족이 행한다면 이보다 큰 축복은 없다. 그러기 위해서는 기도하는 아내가 행복하고 평강의 하나님께 내맡기는 일이 먼저이다. 지금 아내의 모습에서 미래의 가정을 상상할 수 있다.

P·a·r·t·2
:
:
:

아내를
위한
생활기도문

여호와는 나의 목자시니 내게 부족함이 없으리로다.

그가 나를 푸른 풀밭에 누이시며 쉴 만한 물 가로 인도하시는도다. 시 23:1-2

1

삶을
풍성하게 하는
일상 기도문

* * * * *

기도하는 그 순간은 평안이 있다. 기도하는 가정에 하나님은 은혜를 베푸신다. 기도한다는 그 자체가 하나님을 인정하고 겸손하게 하나님의 주권을 인정한다는 실제적인 표현이기 때문이다. 기도해야 한다는 마음과 생각만으로는 안 된다. 마음과 행동이 일치해야 한다. 매일 기도하는 삶을 살아가는 것이 중요하다.

그렇다면 이것을 어떻게 이룰 수 있을까? 모든 가족이 다 기도하기란 어렵다. 강제로 한다고 되는 것도 아니다. 기도의 삶을 가르치는 일이 필요하다. 이제부터 기도하는 가정이 되기 위해서는 가정을 기도로 옷 입혀야 한다. 이 일을 위해 한 사람이 중요하고, 그 한 사람의 기도가 가정을 살린다. 그 사람이 누구일까? 바로 아내이다.

물론 모든 가족에게 해당되는 일이지만 그중에서도 아내의 기도가 중요하다. 아내만큼 가정을 사랑하는 사람은 없기 때문이다. 사랑하는 사람이 행한다. 가정을 사랑하는 한 사람을 들라면 아내만한 사람이 없을 것이다. 그리고 그 사랑을 실천하는 최고의 방법을 말하라면 기도보다 더한 일은 없을 것이다. 기도야말로 가족을 사랑하는 최고의 방법이다.

하나님은 오늘도 가정을 세우는 일을 시작하는 한 사람을 찾으신다. 기도보다 위대한 일은 없다. 기도는 가장 위대하신 하나님께 가정을 맡기는 일이다. 가족들의 인생을 맡기는 일이다. 가정에 축복을 불러오는 가장 강력한 비결이다.

하나님은 기도하는 한 사람을 찾으신다. 역사는 언제나 한 사람을 통하여 일어났다. 그것이 하나님이 하시는 방법이다. 세상 사람들처럼 많은 사람이 있어야 일이 이루어지는 것은 아니다. 단 한 사람만 있어도 하나님은 인류를 구원하는 일을 이루신다. 그것이 예수 그리스도의 죽음이다. 마찬가지로 지금 우리 가정을 살리는 것도 모든 가족이 다 움직여야만 하는 일은 아니다. 단 한 사람이 필요하다.

한 사람으로 시작한다는 것은 하나님이 존재한다는 사실을 말해준다. 세상은 한 사람으로 시작하지 않는다. 그것으로는 아무것도 할 수 없다고 생각한다. 하지만 하나님의 일은 반대이다. 단 한 사람만 있어도 그 사람을 통하여 위대한 역사를 이루신다. 희생물이 필요하기 때문이다. 하나님의 일에는 피가 필요하다. 피 없이는 용서와 자비가 임하지 않는다. 이것이 하나님의 법이다. 진실하고 온전한 제물을 드리는 한 사람을 통해서 이 일을 이루신다.

"너희는 예루살렘 거리로 빨리 다니며 그 넓은 거리에서 찾아 보고 알라. 너희가 만일 정의를 행하며 진리를 구하는 자를 한 사람이라도 찾으면 내가 이 성읍을 용서하리라"(렘 5:1).

기도하는 한 사람, 아내는 위대한 사람이다. 가정을 세우는 그루터기다. 이것에 목숨을 걸고 하나님께 온전히 신뢰하는 기도를 드리자. 가족에게 기도하라고 말하면 잔소리처럼 들리고 오히려 거부감을 가질 수 있다. 그 방법보다는 아내가 먼저 기도하는 삶을 살면 성령님이 역사하셔서 다른 가족들도 기도하게 된다. 기도는 내 힘으로 하는 것이 아닌 성령님의 인도하심이 있어야 가능하다. 인간의 노력으로 되는 일이 아니기에 억지로 시킨다고 되지 않는다. 물론 자녀 양육 차원에서 가르치고 권면할 수는 있다. 하지만 그것보다는 쉽게 따라하고 습득력이 매우 강한 어린 시절에 자녀들에게 기도를 가르치는 일이 지혜로운 방법일 것이다.

아내가 기도하면 온 가족이 기도하게 된다. 이것을 위해서 하루를 계획하고, 그것을 실천하며, 체득하는 일이 필요하다. 이것을 위하여 하루를 기준으로 하루 동안에 아내가 기도하는 다양한 모습을 제시하고자 한다. 예시를 통하여 각자 상황에 맞게 적용하면 큰 유익이 있을 것이다. 한 가지 방법보다 다양한 방법으로 기도하면 기도의 영역이 넓어지고, 하나님을 깊이 알아갈 수 있다. 이것을 훈련하면 어느 순간만 기도하는 것이 아니라 항상 기도하고, 어디서나 기도하는 삶을 살게 될 것이다. 자기가 존재하는 그 자리에서 예배하며 하나님이 주인 되게 하는 것이 기도의 적용 원리다. 이렇게 기도하면 모든 삶이 기도가 된다. 하나씩 훈련하면 좋을 것이다.

▶ 새벽에 기도하기
 : 매일 큐티 말씀으로

        기도하기에 가장 좋은 시간은 언제일까? 그것은 사람마다 다르다. 좋은 시간이라는 것은 정해진 시간이 아니다. 각자의 생체 리듬에 맞는 집중이 잘되는 시간이 있다. 그런 시간을 하나님께 드리면 좋을 것이다. 조용한 새벽은 보통 기도하기에 좋은 시간으로 여겨왔다. 다른 환경에 방해받지 않고 기도할 수 있기 때문이다. 새벽은 예수님이 즐겨 가졌던 기도시간이었다. 다윗도 새벽시간을 하나님을 바라보는 시간으로 삼았다. 우리나라는 새벽기도가 익숙하다. 이것은 한국교회가 오랫동안 해왔던 한국 고유의 독특한 기도문화이다. 지금의 젊은 세대에게는 조금 힘든 시간이지만 우리나라는 농경문화였기에 보통 새벽에 일찍 일어났다. 그런 이유로 새벽기도가 아주 익숙하다.

    오래전에 우리 가족은 미국인들과 1년 동안 밥상머리를 함께한 적이 있었다. 새벽기도회에 참여하고 싶다는 그들의 요청에 우리는 깜깜한 겨울 새벽에 교회에서 기도회를 가졌다. 색다른 체험을 한 그들은 나에게 물었다. 이렇게 새벽에 드리는 예배에 얼마나 많은 교인이 참여하느냐는 것이었다. 대부분 교인들이 참여한다는 나의 대답에 놀라워하면서 한국교회가 거의 수도원 수준이라며 혀를 내둘렀다. 한국교회가 새벽에 기도하는 것은 놀라운 부흥의 비결이다.

새벽에 교회에 가서 새벽기도회를 참석하는 게 가장 좋은 기도 방법이다. 매일 성도들과 함께 기도하면 기분도 아주 좋고 하루가 힘이 난다. 정기적인 새벽기도회는 성경을 한 권씩 읽어 나가거나 큐티 묵상집으로 기도하는 경우가 많다. 이런 방법으로 참여하면 가장 좋다고 생각한다.

기도의 동력은 말씀에서 나온다. 기도를 잘하지 못하는 이유는 무엇을 기도할지 막막하기 때문이다. 그래서 얼마 동안 기도하고 나며 그만둔다. 그것은 기도의 동력을 찾지 못해서다. 기도를 내가 하려고 하면 힘들다. 하지만 말씀이 기도하게 하면 기도를 오래 할 수 있고 기도가 즐겁다. 말씀을 읽고 묵상하다 보면 기도 제목이 생기고 그 말씀에 비추어 자신을 돌아보면 기도가 된다. 이것은 갈수록 익숙하기에 처음에는 힘들지만 점점 익숙해지면 기도가 쉬워진다. 하나님의 말씀을 통해 대화하는 방식을 따라가면 삶의 중요한 시간으로 자리 잡을 것이다.

새벽이 기도시간으로 좋은 것은 집중이 잘되고 기도시간에 여유가 있기 때문이다. 그런 이유로 성경 통독과 병행하면 말씀과 기도의 두 마리 토끼를 다 잡을 수 있다. 교회에서 새벽기도회를 참여하지 못할 경우에는 개인적으로 할 수도 있다. 이런 경우에는 성경 한 권을 선택하여 읽고 묵상하면서 기도 제목을 찾을 수도 있고, 시중에 판매되는 큐티집의 도움을 받아 기도할 수도 있다.

※ 새벽기도 예 / 시편으로 기도하기

* **방법**
1. 시편 23편을 읽고 6가지 기도 제목을 찾는다.
2. 시편 23편은 다윗의 인생 고백이다. 이것은 다윗의 시편으로 드리는 고백이다. 예수님의 기도와 거의 같다.

"여호와는 나의 목자시니 내게 부족함이 없으리로다. 그가 나를 푸른 풀밭에 누이시며 쉴 만한 물 가로 인도하시는도다. 내 영혼을 소생시키시고 자기 이름을 위하여 의의 길로 인도하시는도다. 내가 사망의 음침한 골짜기로 다닐지라도 해를 두려워하지 않을 것은 주께서 나와 함께하심이라. 주의 지팡이와 막대기가 나를 안위하시나이다. 주께서 내 원수의 목전에서 내게 상을 차려주시고 기름을 내 머리에 부으셨으니 내 잔이 넘치나이다. 내 평생에 선하심과 인자하심이 반드시 나를 따르리니 내가 여호와의 집에 영원히 살리로다."

* 6가지 기도 제목

1. 원칙 : 하나님 한 분이면 충분하다(하나님의 거룩함과 이름을 찬양한다). 진리는 단순하며 하나이다. 둘 이상이 되면 그것은 진리가 될 수 없다. 단순한 진리를 반복하여 묵상하고 그것에 따라 기도한다. "오직 하나님 한 분만 바라보면서 살게 하소서!"

2. 육신 : 먹고사는 육신적인 문제를 기도한다(일용할 양식을 구한다). 인간은 육신적인 존재로 먹을 것과 육신의 쉼이 필요하다. 이것을 구하는 것은 꼭 필요하다. 육신을 위하여 음식을 구하는 것은 그리스도인이 마땅히 해야 할 일이다. "매일 양식을 공급해주소서!"

3. 영혼 : 인간은 육적인 존재만이 아닌 영혼을 가진 존재다(하나님의 뜻과 나라). 육적인 기도만 하면 동물적인 삶을 살게 된다. 영혼이 소생하기 위해서는 하나님의 뜻을 구하는 마음이 있어야 한다. "하나님의 나라를 구하는 마음이 되게 하소서!"

4. 세상 : 죄악 가운데 사는 삶은 고난과 수고와 아픔이 많다. 하지만 고난 속에서도 주님을 의지하면 주님이 도와주신다. "세상 속에서 거룩한 삶을 살게 하소서!"

5. 악 : "악한 세상에서 선으로 악을 이기게 하소서!"

6. 평생과 영원 : 그리스도인의 삶은 평생 주님과 동행하는 삶이다. 그것은 죽음을 넘어 천국에 이르기까지 거한다. "하나님

의 선하심을 구하면서 인내하면서 살아가게 하소서!"

▶ 아침에 기도하기
 : 성경 한 구절을 기도로

　　　　아침에는 바쁘다. 특히 주부인 아내에게 아침시간은 새벽기도에 참여하지 못하면 기도하기가 쉽지 않다. 남편의 출근과 자녀를 등교시키는 일로 아침은 매우 분주하다. 이런 상황에서 기도하기란 만만치 않다. 이럴 때 어떻게 기도하면 좋을까? 이때는 성경 한 구절을 선택하여 기도하면 좋다. 방법은 〈성경암송 구절카드〉를 사용하여 한 구절씩 암송하면서 그 구절로 기도하면 매일 짧은 기도를 할 수 있다.

　다음의 예는 이렇게 기도할 수 있도록 예문을 제시했다. 성경 한 구절을 읽고 그 구절의 의미를 생각한다. 그리고 말씀을 따라 기도한다. 짧지만 이런 방법으로 아침에 반복하여 기도하면 기도가 습관이 된다. 요즘은 새벽에 일어나기 어려운 사람이 많다. 조금 시간을 늦추어서 아침기도를 하면 좋은데 그때는 혼자서 기도해야 하기에 어디서부터 해야 할지 난감할 수 있다. 하지만 시중에 판매하고 있는 〈성경암송 구절카드〉를 활용하면 지속해서 기도할 수 있다.

"영접하는 자 곧 그 이름을 믿는 자들에게는 하나님의 자녀가 되는 권세를 주셨으니 이는 혈통으로나 육정으로나 사람의 뜻으로 나지 아니하고 오직 하나님께로부터 난 자들이니라"(요 1:12-13).

* 묵상

우리는 예수님의 이름을 부르면서 내 마음속으로 주님을 영접하게 된다. 영접한다는 것은 내 마음에 이제 주님을 주인으로 모셔 들인다는 의미이다. "나를 구원해주셨으니 이제부터는 하나님의 말씀대로 하나님이 원하시는 대로 순종하면서 살겠습니다" 하고 동의하는 것이다. 이제 우리가 이렇게 진심으로 시인하고 주의 이름을 불렀으면 우리 눈에는 보이지 않지만 이미 내 마음속에는 영으로 예수님이 들어와 계신다.

이제 점차 내 마음은 달라지고 변화가 일어날 것이다. 내 생각이 이제는 예수님의 생각으로 달라질 것이다. 이렇게 말씀만 듣고서도 마음으로 영접할 수 있는 것은 내 힘으로 될 수 있는 일이 아니다. 내 반응으로 시작했지만 완성은 하나님이 행하신 것이다. 예수님을 마음에 영접한다는 것은 내 힘으로 할 수 없다는 면에서 최고의 기적이다. 기적은 언제나 순간에 일어난다. 이제 주님을 내 마음에 영접한 사람은 하나님의 자녀가 되었다. 나는 하나님의 자녀이자 하나님의 영원한 보호하심 속에 있다. 누가 뭐라 해도 나는 하나님의 자녀인 것을 확신하고 살아가야 한다.

✽ 말씀 기도문
"하나님을 기쁘게 하는 인생이 되게 하소서!"

아버지 하나님!
우리를 하나님의 자녀로 삼아주심을 감사합니다.
나로 하여금 예수님을 나의 구원자로 믿게 하시고
예수님을 나의 주인으로 영접하게 하심을 찬양합니다.

이제부터는 나를 주인으로 삼지 말고
주님을 나의 주인으로 모시고 살게 하소서.
내 안에 영접한 주님을 슬프게 하지 않고
주님을 기쁘게 하는 인생이 되게 하소서.
나의 행위로 구원을 받은 것이 아님을 알게 하시고
예수님의 이름으로 구원받은 사실을 잊지 않게 하소서.

모든 것이 하나님의 은혜인 줄 깨달아
언제나 겸손함을 잃지 않게 하소서.
무엇을 하든지 하나님의 능력을 믿게 하시고

하나님의 영광을 드러내는 삶을 살게 하소서.
어디를 가든지 하나님의 자녀인 것을 자랑스럽게 여기며
하나님의 자녀다운 삶을 살게 하소서.

거룩한 하나님 백성의 모습을 지니게 하시고
세상 속에서 그리스도의 향기를 드러내고
그리스도의 편지로서 역할을 감당하게 하소서.
세상이 나를 통하여 예수님의 모습을 보게 하시고
예수님을 영접하는 일이 많아지게 하소서.

하나님 자녀의 권세가 얼마나 큰지 알게 하시어
하나님의 자녀로서 능력과 특권과 의무를 다하게 하소서.
세상의 풍조와 유행을 좇지 말고
하나님의 의를 이루는 삶을 살게 하소서.
예수님을 영접한 사람으로서
부끄럽지 않은 삶을 살게 하시고
내 안에 계신 주님을 슬프게 하는 일을 행하지 않게 하소서.
예수님의 이름으로 기도합니다. 아멘.

▶ 산책하면서 기도하기
: 걸으면서 하나님을 생각하고

　　　　하루 중 시간이 날 때 산책하면서 기도하는 것도 의미가 있다. 하나님이 만드신 자연을 보면 기도할 내용이 많이 떠오른다. 하나님이 만드신 세상 어디에나 하나님이 계신다. 하나님이 통치하시는 세상이기 때문이다. 하나님이 주인인 세상에서 하나님의 자녀가 기도하는 것은 너무나 당연하다. 우리가 사는 모든 곳에서 하나님의 나라가 임하는 기도를 해야 한다. 이런 점에서 산책하며 기도하는 것은 중요한 의미가 있다. 이런 산책 기도를 삶 속에서 훈련하는 것은 신앙생활에 큰 유익을 가져온다.

　이때는 성경을 읽거나 눈을 감고 기도하는 것이 어렵기에 걸으면서 소리 내 기도하는 방법을 사용하면 유익하다. 주변에 사람이 없을 때는 소리 내 기도할 수 있다. 나는 산책하는 경우에 주로 기도의 시간을 갖는다. 물론 걸으면서 눈뜨고 소리 내 기도한다. 나의 경험으로는 산책 중에 드리는 기도는 기도의 맛이 색달라 즐겁다. 바쁜 시간 중에 한적한 곳에 가서서 기도하신 예수님도 이와 같은 기도를 했을 거라는 생각이 든다. 산책하면서 기도하는 것은 일상에서 드리는 기도로, 이때 자연을 보고 자연스럽게 떠오른 하나님의 은혜를 기도하거나 미리 기도 제목을 짧게 메모하여 그것을 위해 기도하면 유익할 것이다.

* 기도 제목 메모

다음과 같이 기도할 대상을 위한 기도 내용을 적고 산책하면서 간단히 중보기도를 하거나, 걸으면서 자연을 보고 하나님을 생각하며 기도하면 된다.

* 산책 기도문

【 남편을 위해서 】
"일터에서 성실하게 하소서!"

사랑하는 남편을 위해 기도합니다.
오늘도 일터에서
주님의 자녀로서 사명을 감당하게 하소서.
죄악 된 세상에서 살지만 세상에 속하지 말고
거룩한 자녀로서의 삶을 살게 하소서.
사람들이 볼 때도 인정받는 성실함을 주시고
그것을 통해 하나님이 함께하심을
일터에서 드러나게 하소서.
하나님이 지켜주심을 감사하며
하나님의 뜻대로 당당하게 살게 하소서.
예수님의 이름으로 기도합니다. 아멘.

【 자녀를 위해서 】
"학교와 직장생활을 잘 감당하게 하소서!"

사랑하는 자녀를 위해 기도합니다.
오늘도 학교에서 직장에서 맡은 일을 잘 감당하게 하소서.
하나님의 자녀다움을 잊지 않고
주변 사람에게 복음을 증거하는 삶을 살게 하소서.
구별된 자기 모습을 부끄러워하지 말고
담대하게 복음의 삶을 살게 하소서.
부모에게 순종하여 지혜가 넘치게 하소서.
젊은 때에 창조주 하나님에 대한 열정을 갖게 하시고
말씀을 마음속에 축적하게 하소서.
예수님의 이름으로 기도합니다. 아멘.

【 교회를 위해서 】
"평안한 교회가 되게 하소서!"

주님의 몸 된 교회를 위해서 기도합니다.
교회를 섬기는 목회자가 성령 충만하게 하시어
주의 말씀을 잘 전하게 하소서.
예수님의 마음을 닮게 하시어 맡긴 영혼을 사랑하게 하소서.

각 사람을 말씀으로 잘 양육하여 제자로 삼게 하소서.

교회를 통하여 하나님의 이름이 드러나게 하소서.

예수님의 이름으로 기도합니다. 아멘.

【 이웃을 위해서 】

"서로 돕고 배려하는 이웃이 되게 하소서!"

이웃을 위해 기도합니다.

좋은 이웃을 주시어 같이 살게 하신 것을 감사합니다.

서로 배려하며 좋은 이웃으로 살게 하소서.

내 이웃을 내 몸처럼 사랑하게 하소서.

혼자 살 수 없는 세상입니다.

서로 도우며 사랑하는 이웃이 되게 하소서.

그들 속에 예수님의 사랑을 나타내게 하시고

그 일에 우리 가정과 나를 사용하소서.

예수님의 이름으로 기도합니다. 아멘.

【 세상을 위해서 】

"하나님을 경외하는 민족이 되게 하소서!"

이 세상을 위해서 기도합니다.

하나님이 세상을 사랑하셔서
예수님을 십자가에 죽게 하시고
이 세상을 구원하셨습니다.
그런데 사람들은 그 사랑을 알지 못하고
예수님을 믿지 않고 있습니다.
사랑의 하나님, 기도하옵기는
한 사람이라도 예수님을 믿고 천국에 이르게 하시고
그들이 구원에 이르도록 먼저 믿은 저를 사용하소서.
그들의 구원을 위해 기도하게 하소서.
예수님의 이름으로 기도합니다. 아멘.

▶ 식탁에서 기도하기
: 온몸으로 축복을 간구하며

식탁은 온 가족이 모일 수 있는 가장 좋은 공간이다. 하루에 세 번 정도 식탁을 대한다. 물론 전체 가족이 함께하는 식탁은 아침과 저녁시간이다. 아내가 준비한 식탁은 가족에게 큰 행복을 준다. 밥상머리에 앉아서 식사를 나누는 것은 가정의 행복을 만드는 좋은 방법이다. 음식을 먹으면서 건강을 얻고 서로 나누면서 감사하고 섬기는 것을 직접 볼 수 있다. 가족의 건강을 위한 식단과 맛있는 음식은 가족에게 행복을 더해준다.

　식탁에서 아내의 역할은 매우 크다. 아내는 식탁에서 기도하도록 안내하고 자신도 식탁에서 기도하면 더욱 큰 은혜가 된다. 식탁을 잘 차려서 가족의 건강을 세우는 것은 아주 중요한 일이다. 이런 사랑이 넘치게 하려면 먼저 아내가 식탁을 준비하면서 기도하는 일이 필요하다. 식탁은 제사와 같은 것이다. 음식을 먹으면서 화목제를 드린 제사법처럼 식사는 단순히 음식을 먹는 것 이상이다.

　식탁에서 기도해야 하는 것은 식탁을 주신 분이 하나님이시기 때문이다. 자연을 통해 먹거리를 주셔서 우리가 식탁에 모일 수 있다. 이렇게 보면 식탁에서 하나님께 감사하는 일은 중요하다. 밥상머리는 인간의 기본기를 배우는 시간이다. 자녀의 인성훈련은 대부분 밥상머리에서 이루어진다. 식탁에서 인간의 바른 삶을 배우고 영성이 깊어지는 성찬이 되도록 해야 한다. 이것을 위해서 식탁기도는 중요하다. 아내가 매번 식사를 준비하면서 간단하게 기도하는 것도 좋은 기도훈련의 방법이다. 식탁에서 기도는 입으로만이 아닌 온몸으로 기도한다. 음식을 조리하면서 그때마다 기도하는 마음을 가지면 모든 것이 기도가 된다. 이것이 몸으로 기도하는 것이다.

　날마다 우리에게 일용할 양식을 주시는 하나님!
　오늘도 가족을 위해
　식사를 준비하게 하심을 감사드립니다.

음식을 준비하면서
하나님의 마음으로 음식을 만들게 하소서.
천지를 창조하신 하나님처럼
음식을 창조적으로 요리하게 하소서.
맛있는 식사를 가족에게 제공함으로써
보기에 좋더라고 감탄하는 그런 식사가 되게 하소서.

사람이 사는 것은 밥만이 아닌
말씀도 있어야 함을 온 가족이 알고
음식을 통하여 하늘의 산 떡을 기억하게 하시고
영혼의 양식도 매일 먹게 하소서.
우리 가족이 식탁을 통하여 건강을 유지하고
행복을 이루어가는 축복을 주옵소서.
예수님의 이름으로 기도합니다. 아멘.

▶ 거실에서 기도하기
: 일상의 우선수위를 생각하면서

  * 묵상하기 / 무엇을 우선순위로 할 것인가?
세상에는 할 일이 많다. 하루를 시작할 때도 우리를 늘 고민하게

하는 것이 있다면 그 많은 일 중에 어느 것을 먼저 하느냐이다. 사실 이것은 생각처럼 그리 쉬운 일이 아니다. 잘못된 우선순위는 우리의 삶을 망친다. 세상에서 성공하는 것은 우선순위를 잘 정하는 능력을 소유했느냐에 달려 있다. 많은 일을 하는 것이 아닌 먼저 해야 할 일을 정하고 그 일에 우선적으로 집중해야 한다. 인생은 그리 길지 않다. 눈 깜박할 사이에 모든 것이 지나가는 안개와 같은 삶이다. 그 짧은 시간 속에서 어느 것을 우선으로 정하여 그것에 인생을 바치느냐 하는 것이 성공의 열쇠가 된다. 무엇에 집중하기 전에 무엇을 먼저 해야 하는가를 정하는 것이 시급하다.

그리스도인은 무엇보다도 하나님이 원하시는 삶이 우선순위가 되어야 한다. 우선순위란 하나님이 기뻐하시는 삶을 의미한다. 이 것을 매 순간 결정해야 한다. 우선순위는 작은 것부터 큰 것에 이르기까지 모든 일에 적용된다. 우선순위도 훈련이다. 작은 것에서부터 이 훈련을 시작해야 한다. 매 순간 닥치는 선택의 순간에 예수님이라면 어떻게 하실 것인가를 생각하면서 일의 우선순위를 정해야 한다.

중요한 순간에 우선순위를 결정하기는 그리 쉽지 않다. 무엇이 하나님이 기뻐하시는 일인지 알면서도 막상 행동으로 실천하는 것이 얼마나 어려운 일인지 한 번이라도 경험한 사람이라면 잘 안다. 그것은 인간의 욕망이 우선하기 때문이다. 사람에게 내재되어 있는 거대한 욕망과 이기심이 우리가 우선순위를 실천하는 데 혼란을 야기한다. 옷을 입어도 먼저 입어야 할 옷이 있다. 이 순서가 뒤바뀌면 안 된다.

모든 일에는 이런 질서가 있다. 하나님의 것을 먼저 하는 훈련이 되어야 한다. 하나님의 것을 하나님의 것으로 먼저 드리는 훈련은 물질에서부터 시작하여 시간, 마음에 이르기까지 아주 다양하다. 우선순위는 그 일의 성공을 결정하는 중요한 요소가 된다. 하나님을 먼저 기쁘게 하라. 그러면 나의 기쁨은 자연스럽게 주어질 것이다.

＊ 말씀

"너희는 먼저 그의 나라와 그의 의를 구하라. 그리하면 이 모든 것을 너희에게 더하시리라"(마 6:33).

"한 사람이 두 주인을 섬기지 못할 것이니 혹 이를 미워하고 저를 사랑하거나 혹 이를 중히 여기고 저를 경히 여김이라. 너희가 하나님과 재물을 겸하여 섬기지 못하느니라"(마 6:24).

＊ 기도문

모든 것의 근원이 되시는 하나님!
사랑하는 사람을 하나님의 뜻으로 인도하소서.
무엇보다도 모든 일을 할 때

하나님이 기뻐하시는 일이 무엇인지
알 수 있는 영적 분별력을 주시옵소서.
매 순간 닥쳐진 일을
하나님의 눈으로 바라보는 믿음을 주시고
사람을 기쁘게 하기보다는
하나님을 기쁘게 하는 일을 하게 하옵소서.

모든 것의 시작이 하나님으로부터 온다는 사실에
믿음을 갖게 하시고
하나님의 은총을 헛되이 받지 말게 하소서.
주어진 모든 것이 하나님으로부터 왔음에 감사하게 하시고
그런 믿음 안에서 닥친 일과 주어진 일을 처리하게 하소서.

무엇보다 하나님의 나라와 의를 구하는 일에 열정을 주시고
언제나 그 일에 충실하게 하소서.
부족한 것은 하나님이 채워주신다는 믿음을 가지고
먼저 하나님을 기쁘게 하는 데 최선을 다하게 하소서.

하나님, 원하옵기는
믿음 안에 굳건하게 설 수 있도록 도와주옵소서.
하나님의 말씀이 마음에 충만하게 거하게 하시고

그 말씀에 기초하여 모든 일의 우선순위를 정하게 하옵소서.
"예"라고 말해야 할 때 "예"라고 말하고
"아니오"라고 말해야 할 때
"아니오"라고 말할 수 있는 힘을 주시옵소서.

하나님 안에서 무엇이 우선순위인지 알게 하시며
그 우선순위를 아는 대로 실천할 수 있는 능력을 주옵소서.
매 순간 실천하리라고 다짐하면서도
주저하는 모습이 되지 않게 하시고
결단력 있게 행동으로 옮기는 힘을 주옵소서.
예수님의 이름으로 기도합니다. 아멘.

▶ 일상에서 수시로 기도하기
 : 임재를 느끼며 대화하듯이

　　　기도는 하나님과의 친밀한 대화이다. 일상에서 늘 하나님과 대화하는 방식으로 기도하면 항상 기도할 수 있다. 하나님은 우리 안에 계신다. 그분을 느끼면서 하나님과 교통하는 기도를 한다. 이런 기도를 하기 위해서는 영적 임재를 느끼는 일이 중요하다.

※ 대화 기도의 예 / 시편 기도문으로 (시 63:1-8)

사랑의 주님!
주는 나의 하나님이십니다.
내가 간절히 주를 찾게 하소서.
물이 없어 마르고 곤핍한 땅에서
내 영혼이 주를 갈망하며
내 육체가 주를 앙망하는 마음을 주소서.
내가 하나님의 권능과 영광을 보려 하여
이와 같이 성전과 성소에서 하나님을 바라봅니다.
하나님을 찾아 예배합니다.

하나님의 인자하심은 생명보다 나으므로
내 입술로 오늘도 하나님을 찬양합니다.
찬양받으시기에 합당하신 하나님,
제 평생에 주를 송축하며 주의 이름으로 인하여
내 손을 들어 찬양하는 삶을 살게 하소서.
골수와 기름진 것을 먹음과 같이
내 영혼에게 만족한 은혜를 부어주옵소서.

내 기쁜 입술로 주를 찬송하되

내가 나의 침상에서 주를 기억하게 하시고

밤중에 주를 묵상할 때에

주님의 깊은 마음속에 들어가게 하소서.

주는 나의 도움이 되심을 알게 하시고

내가 주의 날개 그늘에서 평안히 거하며

주님을 즐거이 부르게 하소서.

나의 영혼이 주를 가까이 따르니

주의 오른손이 나를 붙드시는 은혜를 믿고

오늘 하루도 살게 하소서.

예수님의 이름으로 기도합니다. 아멘.

▶ 일하면서 기도하기

： 하나님의 나라와 의를 구하며

　　　　일하는 순간도 기도의 시간이 될 수 있다. 우리는 시간을 정해서 드리는 기도만 생각하다 보니 기도의 폭이 좁아진다. 기도는 모든 곳에서 이루어지는 일이다. 하나님은 어디에나 계시기 때문이다. 특히 맞벌이나 일이 바쁜 아내가 시간을 정해서 기도하려면 생각처럼 쉽지 않다. 그리고 정한 시간에 한다 하더라도 그 시간 외에는 기도를 잊어버린다. 그러다 보면 정해진 시간에 의무적으로 드리는 기도가 되기 쉽다.

하지만 일하는 중에도 기도하는 시간을 가진다면 기도의 영역이 넓어진다. 물론 일하는 중에는 기도에 집중하기 어렵다. 두 가지를 동시에 할 수 없기 때문이다. 그렇다면 일하면서 기도한다는 것은 무엇을 의미하는가? 그것은 기도와 일을 함께 이루는 것이다. 기도가 일이며 일이 기도가 되게 하는 것이다. 기도하면서 일하면 일 자체가 성스러운 것이 된다. 하나님께 대하듯 일을 충성스럽게 하는 것이 필요하다. 기도하는 것처럼 일하는 것이다. 예를 들면 모든 것이 하나님이 주신 것임을 믿고 감사하며 성실하고 눈가림으로 하지 않고 진실되게 일하는 것이다.

더 나아가 이 일을 통하여 하나님의 나라를 세운다는 마음으로 하다 보면 일상의 일이지만 그 일은 하나님을 위한 일이 될 수 있다. 상사에게 순종하고 성실하게 하다 보면 다른 사람에게 인정받아 하나님의 이름을 드러내는 일이 될 수 있다. 감사함으로 받으면 모든 것이 버릴 것이 없이 귀중한 것이 된다. 이때 짧게 기도하는 방법으로 순간적으로 고백하며 기도하는 방법을 적용하면 좋다(직장에 관한 기도문은 원용일 목사가 쓴 「직장인 축복 기도문」(브니엘)을 활용하면 더 많은 정보를 얻을 수 있다).

※ 기도 제목

– 직장을 주신 것을 감사드립니다.

- 좋은 상사를 주신 것을 감사합니다.
- 함께 일하는 동료를 주신 것을 감사합니다.
- 일할 수 있다는 것에 감사드립니다.
- 건강을 주시어 맡은 일을 잘 감당하게 하소서.
- 언어를 조심하게 하소서.
- 험담하지 않게 하소서.
- 섬기는 종의 자세를 갖게 하소서.
- 인내하게 하소서.

▶ 저녁에 기도하기

: 하루를 인도해주신 은혜에 감사하며

　　　　하루 중 저녁은 온 가족이 집에 모이는 시간이다. 유대인은 보통 아침기도회와 저녁기도회를 한다. 저녁시간은 하루를 마무리하는 시간이다. 하루를 사는 것도 내 힘으로 사는 것이 아니다. 전적인 하나님의 은혜로 하루를 산다. 이렇게 보면 저녁에 드리는 기도는 하나님의 은혜로 산 것을 감사하며 찬양하는 것이다. 매 순간 사는 것은 하나님의 은혜를 경험하기 위함이다.

　우리는 아침에 시작기도는 많이 하지만 정작 저녁시간에는 기도를 잘하지 못한다. 시작이 있다면 마무리도 있어야 한다. 이런 점에서 저녁 기도시간은 의미가 있다. 사실 저녁은 밤이 아니다. 어떤 사람에게는 저녁이 시작일 수도 있다. 밤늦게 일하는 직업을 가진 사람에게는 저녁이 새로운 출발이다. 아침과 저녁은 사람마다 다르다.

하지만 보통 하루를 마무리하는 시간은 저녁이다. 하루를 하나님의 은혜로 산 것에 대한 감사 찬양의 시간이다. 이런 시간을 통하여 하루를 하나님 중심으로 살아가는 훈련이 된다. 믿음은 하루를 잘사는 것이다. 미래는 오늘에서 만들어진다. 하루의 삶이 쌓여 신앙이 되고, 그렇게 살면 잘사는 것이다.

오늘도 나와 함께하신 임마누엘의 하나님!
오늘 하루를 무사히 지내게 해주심을 감사드립니다.
저녁시간에 온 가족이 모여
감사와 찬양을 드리게 하심을 찬양합니다.
오늘 하루도 하나님의 돌보심 안에서
안전하게 지내게 됨을 감사드립니다.

많은 위험에서 보호하시어 오늘 저녁에 이르게 되었습니다.
시간은 하나님이 주신 것으로
한 번 지나가면 오지 않는 귀중한 것입니다.
오늘 하루도 헛된 시간을 보내지 않았나 돌아보게 하소서.
내가 만든 시간이 아닌 하나님이 선물로 주신 시간입니다.

오늘이라는 시간을 내 의지와 욕심으로 보냈다면
겸손하게 돌아보고 새로운 마음을 갖게 하소서.

용서하지 못하고 이해하지 못한 부분이 있었다면
이 시간만이라도 용서하고 화해하게 하소서.
사랑으로 하루를 마무리하게 하소서.
예수님의 이름으로 기도합니다. 아멘.

▶ 침상에서 기도하기
 : 하루를 돌아보며 회개하면서

　　　　침상은 우리가 하루를 마지막으로 정리하고 쉼을 얻는 시간이다. 침상은 안식의 장소이다. 하루의 삶을 정리하고 잠자리에 드는 시간은 하루 중 가장 행복한 시간이다. 우리는 침상의 쉼을 통해 새로운 날을 기대하며 잠자리에 든다. 잠자는 시간은 내 힘으로 사는 것이 아닌 하나님의 손에 나의 생명을 맡기는 시간이다. 잠드는 순간, 그때부터 내 시간은 없다. 하나님의 시간에 들어가는 것이다. 혹시라도 잠을 자다가 아침에 일어나지 못하면 그 시간이 마지막이 된다.
　이렇게 보면 하루를 마치고 침상에 들어가는 시간은 죽음을 연습하는 시간이 될 수도 있다. 하루를 마치는 시간을 통하여 죽음을 연습하는 것이다. 그리스도인의 죽음은 잠을 자는 것이다. 침상은 하나님의 품과 같다. 그런 점에서 그리스도인의 죽음은 희망이다. 세상은 죽음이 절망이지만 우리에게는 새로운 부활을 꿈꾸는 시간이다. 매일 침상에 들어가는 연습을 통해 우리는 마지막 날의 재림을 기다리고, 그와 함께 부활하여 영원히 산다. 침상은 이것을 소망하여 준비하는 시간이다.

자녀들에게도 이것을 알려주고 침상기도를 하면 좋을 것이다. 이런 이유로 마지막 잠자리에 들기 전에 모든 죄를 회개하고 이웃과 가정에서 풀지 못한 원한과 미움이 있다면 모두 용서하고 사랑하며 잠자리에 들어야 한다. 잠자리에 드는 순간 오늘 일어난 괴로움은 오늘에 족하다. 내일은 내일에 염려한다. 그런 점에서 침상에서는 종말론적인 시간을 재현하며 가장 평화로운 순간을 경험하도록 하면 좋을 것이다.

사랑의 주님!
오늘도 건강하고 안전하게
침상에 눕게 하심을 감사드립니다.
이제 모든 것을 하나님께 맡기고
내 영혼을 하나님의 품안에 내드립니다.
주여, 저의 죄를 용서하시고

하나님의 나라를 사모하며 잠자리에 들게 하소서.

가정을 위해 더욱더 지혜롭게 살지 못한 것을 회개하며
침상에서 하나님께 내 마음을 드리니
하나님의 생각과 하나 되는 시간이 되게 하소서.
예수님의 재림을 기대하며
다시 살아날 것을 소망하며 잠자리에 들게 하소서.

이제 모든 것을 하나님께 맡기고 잠자리에 들게 하시고
잠을 통하여 쉼을 얻게 하시며
잠자는 동안에 몸이 치유되게 하시고
평강 속에서 안식하게 하소서.
예수님의 이름으로 기도합니다. 아멘.

2

가정을
풍성하게 하는
말씀 파노라마
기도문

* * * * *

　이 기도문은 성경 전체의 풍성한 내용을 기도 제목으로 삼고 기
도하는 방식이다. 막상 기도하려면 어디서부터 기도해야 할지 막막
한 경우가 많다. 이때 사용할 수 있는 기도 방식이 성경에 나오는 핵
심 내용을 따라 기도하는 것이다. 성경이야말로 기도 제목과 기도
내용으로 가장 좋다.

　기도는 나의 뜻을 관철하는 것이 아니다. 하나님의 말씀과 일치
를 이루는 기도가 최고의 기도이다. 이런 점에서 성경의 핵심 내용
을 가지고 기도하는 방식은 기도를 쉽고 풍성하게 해준다. 이번 장
에 소개하는 기도문은 창세기부터 요한계시록까지 중심적인 내용을
선택해서 그것을 기도로 적용한 것이다. 이 기도문을 따라서 기도할
수도 있고, 자신이 직접 성경을 읽으면서 말씀 안에서 기도할 제목
을 찾아 그것을 위해 기도할 수도 있다. 이처럼 말씀 읽기와 기도를
같이하면 말씀과 기도가 하나 되는 경험을 통해 더 큰 축복이 임하
는 경험을 할 수 있다.

보시기에 좋은 세상으로
회복하게 하소서

세상을 말씀으로 창조하신 하나님!

말씀으로 만드신 아름다운 하나님의 세상을 꿈꾸어 봅니다.

말씀으로 하늘과 땅과 바다를 만드시고

식물과 동물과 새를 만드셔서

우리 인간을 위해 선물로 주신 하나님을 찬양합니다.

보시기에 아름다운 세상을 창조하시어

인간에게 창조 세계를 다스리고 관리하며

행복하게 살게 하셨는데

인간의 죄로 인하여 세상이 힘들게 되었습니다.

하나님, 기도하옵기는 우리가 사는 세상은

하나님의 말씀으로 회복되어야 함을 알게 하소서.

말씀을 통해 세상의 질서와 원리를 알게 하시고

그것을 실천하는 우리가 되게 하소서.

가정을 세울 때 이런 창조법칙에 따라 가정을 섬기게 하소서.

나의 생각대로 가정을 세우는 것이 아니라

하나님의 창조법칙과 질서를 따라
하나님이 기뻐하시는 가정이 되게 하소서.
이것을 위해서 창조의 원리를 먼저 배우게 하시고
우리 가정을 이런 창조의 가정으로 만들어가게 하소서.

가정을 주신 것을 감사합니다.
구원을 선물로 주신 것을 감사드립니다.
하나님을 주인으로 모시고
하나님의 뜻에 맞는 복 있는 가정이 되게 하소서.
하나님이 보시기에 좋은 가정으로 세우게 하시고
세상 사람도 흠모하는 가정으로 세우게 하소서.
가정이 모두에게 안식을 주는 영원한 쉼터가 되게 하소서.

마리아처럼 말씀대로 이루어지리라는 믿음을
모든 가족이 갖게 하시고
하나님을 찬양하며 경배하는 가정이 되게 하소서.
하나님의 마음을 시원하게 해 드리는
본래의 모습을 회복하는 가정이 되게 하소서.
예수님의 이름으로 기도합니다. 아멘.

하나님의 형상을 회복하게 하소서

창조의 하나님!
하나님의 형상으로 우리를 만드셔서
하나님과 교제하게 하신 은혜를 찬양합니다.
우리의 꿈은 하나님을 닮는 것입니다.
세상을 닮지 말게 하시고
오직 주님을 사모하며 주님의 형상을 이루게 하소서.

세상을 사랑하신 주님의 사랑을 마음에 새기고
그 힘으로 주님을 예배하고
이웃을 사랑하고 가정을 섬기게 하소서.
무엇을 하든지 주님을 위해서 하고
주님의 이름이 이 땅 위에 세워지는 삶을 살게 하소서.

하나님의 은혜로 하나님의 형상을 주신 것에 감사하며
그 특권을 하나님의 뜻대로 사용하게 하소서.
예수 그리스도를 통하여
새 사람이 되게 하신 은혜에 감사하게 하소서.

새 사람의 성품인 의와 진리와 거룩함을 이루게 하소서.
거룩한 예수님과 교제를 이루어
하나님의 형상을 회복하게 하소서.

말씀과 기도를 통해서 주님과의 관계를 좋게 하게 하여
하나님이 창조하신 세상을 잘 다스리게 하소서.
하나님의 뜻을 어긴 인간의 죄악을 회개하게 하소서.
우리 가정을 하나님이 세우신 모습대로 세워나가게 하시고
하나님의 창조원리를 잘 적용하게 하소서.
무엇보다도 하나님을 가정의 주인으로 모시고
주님의 말씀에 순종하게 하소서.

선악과를 만드신 것은 우리와 하나님의 관계를
잘 정립하기 위한 하나님의 사랑임을 믿습니다.
우리의 존재를 잃지 않기 위해 주신 선악과를
늘 우리 가운데 두고 하나님의 자리를 넘보지 말게 하소서.
하나님보다 더 높은 것을 생각하지 않게 하소서.
창조하신 세상을 통하여 하나님을 높이게 하시고
하나님의 위대함을 찬양하게 하소서.
예수님의 이름으로 기도합니다. 아멘.

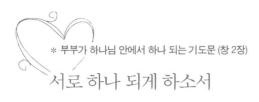

서로 하나 되게 하소서

가정을 창조하신 하나님!
처음 가정을 만드신 하나님을 찬양합니다.
아담을 창조하시고 돕는 배필로 여자를 창조하신
하나님의 뜻을 묵상하게 하소서.
처음 가정을 만드신 하나님의 뜻을 따라
가정을 세우게 하소서.

남편을 주신 것에 감사합니다.
하나님이 만나게 해주신 은혜를 소중하게 여기며
서로 사랑하며 섬기게 하시고
남편을 돕는 배필의 역할을 잘 감당하게 하소서.
무엇보다 하나님의 약속을 믿고 따르는 데
좋은 동역자가 되게 하소서.
"내 뼈 중의 뼈요 내 살 중의 살이라"고 고백한 아담의 말처럼
서로 하나 되는 마음과 한몸 된 부부가 되게 하소서.

말씀과 기도로 하나 되어 늘 하나님의 뜻을 분별하여

말씀이 이끌어가는 가정이 되게 하소서.
부부간에 경쟁하는 것이 아닌
하나님의 뜻에 순복하는 동행자가 되게 하소서.
가정을 에덴동산처럼 만들어가게 하시고
악한 사탄이 들어오지 못하게 하소서.
가정을 파괴하는 작은 여우를 조심하고
겸손함을 잃지 않는 부부가 되게 하소서.

부부의 하나 됨을 이루는 데 앞장서게 하시고
그 속에서 주님의 이름이 드러나는 거룩한 가정이 되게 하소서.
안식을 누리는 가정이 되게 하시고
가정 안식일을 실천하여
하나님의 복이 임하는 가정으로 만들어가게 하소서.
가정을 주신 것은 하나님의 영광을 드러내기 위한 것임을 알고
진리로 가정을 세우게 하소서.
예수님의 이름으로 기도합니다. 아멘.

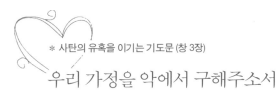

우리 가정을 악에서 구해주소서

능력의 주님!

우리가 사는 세상은 악한 영과의 싸움터입니다.

매일 살아가는 세상이 영적 전쟁터임을 생각하게 하시고

말씀과 기도로, 전신갑주로 무장하여 가정을 든든하게 하소서.

먼저 아내인 제 자신이 무장하게 하시고

영의 눈을 열어 악한 마귀의 미혹에 빠지지 않게 하소서.

아담과 하와를 미혹한 사탄은

지금도 쉬지 않고 가정을 파괴하려고 합니다.

부부가 항상 기도하고 경계하며 근신하게 하소서.

성령의 도우심으로 무장하여

악한 영과의 싸움에서 승리하게 하소서.

하나님의 말씀을 거스르는 사탄의 미혹을 잘 분별하여

우리 부부가 속임수에 빠지지 않게 하소서.

말씀으로 악을 분별하는 지혜를 주시어

아담과 하와 같은 죄를 범하지 않게 하소서.

한 사람이 무너지면 한 사람이 일으켜 세우게 하소서.

이것을 위해서 평소에

하나님의 약속을 우선으로 하는 시간을 갖게 하시고

하나님의 나라와 의를 구하는 일에 힘쓰게 하소서.

하나님을 넘어서려는 인간의 욕심을 조심하고

하나님이 정해주신 선을 넘지 않게 하소서.

마땅히 생각할 그 이상의 생각을 품지 말고

모든 것을 지혜롭게 생각하여 덕을 세우는 삶을 살게 하소서.

어떤 경우에도 하나님을 불신하지 말고

말씀에 대한 의심을 품지 말게 하소서.

내가 나를 지키는 것이 아닌 말씀이 나를 지킴을 믿습니다.

말씀이 마음에 풍성히 거하는 삶을 살게 하소서.

예수님의 이름으로 기도합니다. 아멘.

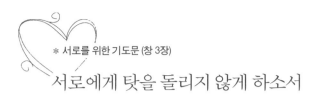

서로에게 탓을 돌리지 않게 하소서

은혜의 주님!
주 안에서 부부가 되게 하신 것을 감사합니다.
부부는 하나님이 짝 지어주신 하나 된 몸입니다.
둘이지만 서로 하나 된 신비의 만남이 부부입니다.
하나님이 정해주신 이 비밀을 잘 이해하고
신비를 이루어가게 하소서.
자기주장만을 고집하지 말게 하시고
주의 말씀을 분별하여 주님의 뜻을 이루는 부부가 되게 하소서.
실수나 잘못을 하였을 때
바로 회개하고 자기 잘못을 인정하게 하시고
서로 용서하고 용납하게 하소서.

아담과 하와처럼 잘못을 다른 사람이나
하나님에게 전가하지 않게 하소서.
자기의 의를 주장하기보다는 자기의 부족함을 고백하며
주님의 도우심을 구하는 부부가 되게 하소서.
기도가 막히지 않게 서로 죄를 고백하여

하나님의 용서를 구하게 하소서.

사탄은 어떻게 하든지 부부의 관계를 파괴하려 하고
다툼과 이간과 갈등을 일으켜 모두를 패망하게 합니다.
육적인 눈으로 보지 말고
하나님을 불신하게 하는 악한 계략을 파악하여
선으로 악을 이기게 하소서.
혈과 육의 싸움이 아닌 악한 영과의 싸움인 것을 알고
말씀과 기도로 대적하게 하소서.

아담과 하와에게 다가온 사탄의 시험은
지금도 우리에게 계속됩니다.
때로는 광명의 천사로 다가오고
가까운 사람을 통하여 시험이 찾아옴을 기억하여
작고 친밀한 사이를 조심하게 하소서.
은밀하게 다가오는 죄악을 성령의 힘으로 이기게 하소서.
예수님의 이름으로 기도합니다. 아멘.

세상과 구별된 거룩한 삶을
살게 하소서

구원의 주님!

노아의 때부터 계속된 인간의 죄성으로

이제 어쩔 수 없는 연약한 인간의 모습을 회개합니다.

마음은 원이지만 육신이 연약함으로

죄를 범하는 우리를 용서하소서.

세상의 즐거움에 빠져 지내면서

하늘의 소망을 보지 못하는 세상을 향해

복음을 전하는 열정을 주소서.

노아의 시대처럼 지금의 시대도 악합니다.

그런데 사람들은 무엇이 악한지 잘 모르고 살아갑니다.

그들에게 죄를 깨닫고

복음을 믿는 기회가 주어지도록 해야 합니다.

주님, 주의 은혜를 알게 하시고

주님의 십자가 사랑을 전하게 하소서.

노아를 선택하여 구원해주신 하나님을 바라보게 하시고

노아처럼 하나님의 말씀에 순종하는 삶을 살게 하소서.
인간의 생각으로 이해가 안 되어도
하나님의 말씀이라면 그대로 따르는 믿음을 주소서.

하나님의 심판과 종말은 순식간에 임하는 것을 알고
늘 하나님의 시선을 놓치지 않게 하소서.
오늘을 마지막이라 생각하며 살게 하소서.
노아의 가족을 구원하기 위해 준비하신 방주의 은혜를 기억하며
구원받은 가족이 되게 하시고
우리 가정을 사랑해주시어
한 사람도 구원에서 제외되는 일이 없게 하시고
이웃에 복음을 전하는 증인의 삶을 살게 하소서.
예수님의 이름으로 기도합니다. 아멘.

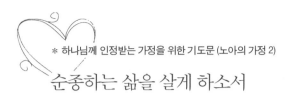

순종하는 삶을 살게 하소서

말씀으로 우리에게 오시는 주님!

말씀으로 세상을 창조하신 하나님을 신뢰합니다.

오늘도 하나님은 말씀으로 창조하심을 믿고 살게 하소서.

지금도 말씀으로 세상을 섭리하시는 역사를 믿습니다.

노아처럼 한 사람의 의인을 찾으시는 하나님의 마음을 가지고

하나님의 말씀에 온전히 순종하는 사람이 되게 하소서.

산 위에 방주를 지으라는 주의 말씀에 순종한 노아처럼

무슨 말씀을 하시든지 그것에 순종하는 사람이 되게 하소서.

주님은 행함이 아닌 믿음의 사람을 찾으십니다.

나의 의가 아닌 하나님의 의를 구하고

하나님의 나라에 속한 축복을 경험하게 하소서.

오늘도 하나님은 말씀에 순종하는 사람을 찾으십니다.

그 주인공이 나와 우리 가족이 되게 하소서.

그리하여 나의 의가 아닌

하나님의 의를 이루는 도구가 되게 하소서.

하나님의 의는 평강과 희락입니다.

저에게도 이런 은혜를 주시어 그 힘으로 살게 하소서.

악한 세상을 이길 수 있는 힘은 이런 믿음으로만 가능합니다.
나를 내려놓고 주님을 믿는 힘으로 살게 하소서.
마음에 하나님의 나라를 소망하며
그것을 이 땅 위에 이루게 하소서.
우리의 삶으로 천국을 세상에 증거하게 하시고
내 안에 계신 주님을 드러내게 하소서.

마지막까지 믿음을 지키어 승리하게 하시고
끝까지 믿음을 붙잡고 가는 힘을 주소서.
내 힘으로가 아닌 내 안에 계신 그리스도께서 인도하는
모든 염려를 맡기는 삶을 살게 하소서.
이미 구원받은 자녀로서 확신을 가지고
담대하게 복음의 능력과 은혜를 전하며 살게 하소서.
구원받지 못한 수많은 사람을 위해 기도하게 하시고
영혼을 사랑하는 마음을 충만하게 하소서.
예수님의 이름으로 기도합니다. 아멘.

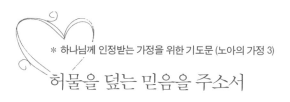
허물을 덮는 믿음을 주소서

자비의 주님!
주님의 은혜로 하루를 살게 하심을 감사합니다.
하나님의 자비가 아니면 우리는 존재할 수 없습니다.
이웃과 가족의 허물을 보고
탓하거나 정죄하고 험담하지 말게 하시고
주님의 자비로우심으로 덮고 사랑하게 하소서.

우리는 늘 허물을 가지고 살아가는 죄인임을 알게 하시고
다른 사람의 티보다 나 자신의 들보를 보게 하소서.
다른 사람의 허물을 통해 자신의 죄를 돌아보게 하시고
그것을 통해 자신의 연약함을 인정하며
하나님 앞에 나가게 하소서.

심판하고 정죄하시는 분은 오직 하나님이심을 알게 하소서.
세상은 서로 정죄하고 시기하며 욕심을 구하는 일이 많습니다.
그 속에서 악을 악으로 대하는 일이 생기지 않게 하시고
주님의 자비하심으로 사랑하고 용서하며 선으로 행하게 하소서.

본다고 모든 것이 진실이 아니고
안다고 모든 것을 아는 것이 아니며
듣는다고 모든 것을 다 들을 수 있는 것이 아님을 인정하며
입을 다물고 주님께 맡기게 하소서.
주님이 나를 대하신 눈을 가지고 세상을 살게 하소서.

가정을 사랑으로 섬기게 하시고
자녀와 남편을 볼 때도 허물보다 장점을 돌아보게 하소서.
그것을 인정하고 칭찬하며 격려하는 사람이 되게 하소서.
사람을 죽이는 일보다
사람을 세우고 살리는 일에 집중하게 하소서.
아버지의 허물을 들추었던 함처럼 되지 말고
아버지의 허물을 덮은 셈처럼 살게 하소서.
그리하여 하나님의 축복을 이어받는 사람이 되게 하소서.
예수님의 이름으로 기도합니다. 아멘.

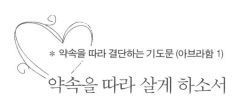

약속을 따라 살게 하소서

언약을 지키시는 하나님!

인생을 시작할 때 나로 시작하지 말고

하나님의 말씀으로 시작하게 하소서.

말씀이 임할 때 움직이게 하소서.

어떤 일이든 내가 먼저 움직이지 말고

하나님의 말씀을 따라 시작하게 하소서.

아브라함이 말씀을 따라 갈대아 우르를 떠난 것처럼

우리 가정도 하나님의 음성을 듣고

약속에 따르는 삶이 되게 하소서.

말씀은 어제나 오늘이나 영원함을 믿습니다.

내가 나를 이끌지 말고

영원한 말씀이 나를 인도하게 하소서.

말씀을 따라가면 실패가 없는 줄 믿습니다.

주님은 언제나 우리를 선하게 인도하십니다.

나는 나의 길을 모르지만 주님은 나의 길을 아십니다.

우리 가정도 아브라함처럼 약속에 따라 움직이고

약속에 따라 기다리는 가정이 되게 하소서.
먼저 저에게 아브라함과 같은 믿음을 주시어
하나님의 뜻이라면 과감하게 결단하고 순종하게 하소서.

약속을 따라간 가정은 하나님이 지켜주십니다.
불가능한 상황에서도
아들을 주신다는 말씀을 믿고 기다린 아브라함처럼
우리 가정도 하나님의 뜻을 잡고 살게 하소서.
하나님의 때에, 하나님의 사람 만남을 기대하며
나를 내려놓는 삶을 살게 하소서.
언약을 붙잡으면 영원한 가문이 됩니다.
우리 가정도 아브라함과 같은 가문이 되게 하시고
저도 이런 믿음의 사람이 되게 하소서.
예수님의 이름으로 기도합니다. 아멘.

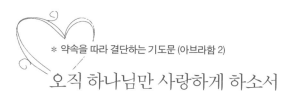
오직 하나님만 사랑하게 하소서

나의 목자이신 하나님!
나의 주인은 오직 주님이십니다.
평생에 주를 따르고 살기로 작정하지만
일상 속에서 주님을
전적으로 신뢰하지 못하는 경우가 많습니다.
마음은 원이지만 육신이 연약하여
하나님을 신뢰하고 따르지 못할 때
아브라함의 믿음을 본받게 하소서.

이삭을 바치라는 하나님의 이해 못할 명령에도
여호와 이레로 순종하면서 모리아산까지 나아간
아브라함의 자기 죽음과 헌신을 배우게 하소서.
이해 못할 말씀을 대할 때도 하나님의 인격을 믿고
온전히 순종하는 믿음을 주소서.
세상을 창조하시고 나를 만드신 하나님을
말씀을 통해 인격적으로 받아들이게 하소서.
이해가 안 될 때는 나보다 위대하신 분을 바라보면서

나를 죽이는 기회로 삼게 하소서.
나를 죽이면 그때 비로소 주님이 보이는 신비를 알게 하소서.

아들을 바치는 아브라함의 마음은
곧 아들과 함께 자신도 죽는 시간인 것처럼
십자가에 죽으신 예수님을 통해
나도 주와 같이 죽었음을 알게 하소서.
그때 비로소 주님의 음성이 들리고
더 좋은 것으로 준비하신 하나님의 은혜를 체험하게 하소서.
생명은 언제나 죽음 속에서 태어남을 알고
나를 죽일 때 내 안에 계신 주님이 드러남을 체험하게 하소서.

주여, 원하옵기는
주님을 사랑하는 힘으로 주님께 맡기게 하소서.
하나님의 말씀에 순종함으로 하나님을 보게 하소서.
예수님의 이름으로 기도합니다. 아멘.

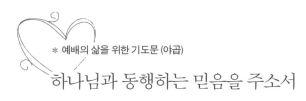

하나님과 동행하는 믿음을 주소서

우리 예배를 받으시는 주님!
찬양과 경배를 받으시는 분은 오직 하나님이십니다.
유일하신 하나님을 찬양합니다.
아버지 집을 떠나 벧엘에서 하나님을 만나
여기가 하나님의 집이라고 고백하면서
예배의 제단을 쌓은 야곱처럼
고난의 현장에서 하나님께 예배하는 삶이 되게 하소서.
가장 힘들 때 하나님을 바라보게 하소서.

주변이 어렵고 앞길이 막막할 때
예배를 통하여 하나님을 만나
하나님이 주신 꿈을 꾸고 그것을 믿고 살게 하소서.
자녀에게도, 남편에게도 야곱의 꿈을 꾸게 하시고
어디로 가든지 하나님이 함께하심을 믿고
두려워하지 말고 당당하게 하루를 살게 하소서.
하나님이 이미 태초부터 나를 선택하신 은혜를 알게 하시고
그 신비로 하루를 살게 하소서.

세상이 나를 힘들게 하고
사람들이 나를 어렵게 할지라도
하나님은 나의 좋은 친구입니다.
얍복 강가에서 자신을 죽인 야곱을 본받아
기도를 통하여 철저히 자신을 죽이는 삶을 살게 하소서.
그리하여 너는 내 자녀라는 하나님의 음성을 듣게 하소서.
영원히 나와 함께하시는 임마누엘의 하나님을 믿습니다.
앞길이 안 보일지라도 하나님의 손길을 분명히 볼 수 있다면
어디로 가든지 평강과 은혜를 경험할 줄 믿습니다.

야곱을 선택하여 이스라엘로 삼으신 하나님!
우리를 선택하여 하나님의 이름을 높이는 가정이 되게 하소서.
한번 선택하신 하나님은 끝까지 우리를 버리지 않음을 믿고
모든 일에 날마다 감사하게 하소서.
예수님의 이름으로 기도합니다. 아멘.

하나님의 약속을 잇는
가족이 되게 하소서

역사를 섭리하시는 주님!

우리가 매일 하나님의 인도하심에 따라 살아감을 찬양합니다.

인생은 내가 사는 것이 아닌

내 안에 주님이 사시는 것입니다.

오늘도 이것을 믿고 담대하게 살게 해주소서.

우연한 일은 없습니다.

모두가 하나님이 인도하시는 일입니다.

요셉이 하나님의 꿈을 꾸고

그 꿈을 이루기 위해 많은 고난을 겪었습니다.

하지만 그런 고난을 하나님의 시각으로 바라보면서

감사하며 살아가는 믿음을 지킨 요셉처럼 살게 하소서.

형들의 시기와 모함을 잘 이겨 하나님의 마음과 시선으로

가족과 형들을 사랑하고 섬긴 모습을 본받게 하소서.

우리 가족도 요셉의 가족처럼

하나님의 약속을 이루는 가정이 되게 하소서.
요셉이 성공하여 애굽의 총리가 되었지만
그의 목적은 가정을 섬기고 세워나가는 일이었던 것처럼
우리 자녀들의 소망도 언약을 이루는 가정을 섬기게 하소서.
사랑하는 자녀들에게도 이런 은혜를 주시고
열심히 수고하여 가정과 교회와
하나님의 나라를 세우는 사람이 되게 하소서.

그리스도인이 성공한 것은 자신을 위한 것이 아니라
가정과 교회를 위한 것이었던 요셉을 닮아가게 하소서.
요셉이 바로의 총리가 되었으면서
마음을 높은 데 두지 않고
가정이 화해하는 일에 헌신했던 믿음을 본받아
우리 가정도 서로의 화합을 위해 수고하게 하소서.

주님, 원하옵기는
하나님의 약속을 이루는 일에 자신의 모든 것을 드리게 하소서.
영원한 하나님의 나라를 세우는 가정이 되게 하소서.
예수님의 이름으로 기도합니다. 아멘.

유월절 어린 양의 예수 복음으로
세우는 가족이 되게 하소서

유월절 어린 양으로 오신 주님!

우리를 구원하신 주님을 기억하며 살게 하소서.

이스라엘이 유월절 어린 양의 피를 통해

애굽에서 구원받은 성경의 역사를 기억합니다.

구원은 자기의 힘이 아닌 어린 양의 피로 인한 은혜입니다.

오늘 우리를 구원하신 주님은 유월절 어린 양으로 오셔서

우리를 위해 죽으시고 부활하셨습니다.

양의 피는 온전한 구원이 아닙니다.

오직 예수님의 피만이 우리를 온전히 구원함을 믿습니다.

우리 가족이 이렇게 살아가게 된 것은

전적으로 주님의 은혜입니다.

영생을 주셨고 날마다 구원을 경험하며 살게 하셨습니다.

어린 양으로 오신 예수님은

우리의 과거, 현재, 미래의 죄까지 해결하셨습니다.

이것은 매번 드리는 동물의 제사가 아닌

죄가 없으신 자신을 드리는 온전한 제사입니다.

이스라엘은 유월절의 은혜를 상실하면서
결국 패망하게 되었습니다.
사사시대 이후 요시아 왕 때까지
유월절을 잊어버렸습니다.
그 결과 이스라엘은 패망하고 말았습니다.
유월절을 지키지 않으며 구원의 은혜를 망각하고
하나님을 떠난 것이 원인이었습니다.

주님, 기도하옵기는
우리가 이스라엘 백성처럼
구원의 처음 은혜를 잊어버리지 않게 하소서.
나의 힘이 아닌
구원해주신 그 크신 은혜로 하루를 살게 하소서.
매일 십자가의 은혜를 묵상하며
그 힘으로 우리 가족이 충만하게 하소서.
주님의 말씀 앞에 우리 가정이 서게 하시고
십자가의 피가 우리를 살리는 힘인 것을
늘 기억하며 고백하게 하소서.
예수님의 이름으로 기도합니다. 아멘.

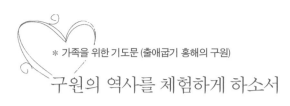

구원의 역사를 체험하게 하소서

구원의 하나님!

우리를 죄악 가운데서 구원해주신 하나님을 찬양합니다.

이스라엘 백성이 홍해를 건너게 함으로

구원을 보여주신 하나님!

오늘 우리 가족에게 은혜를 주시어

하나님의 구원 역사를 체험하게 하소서.

어려운 환란이 닥쳐 막다른 홍해와 같은 고난을 경험해도

오직 하나님을 신뢰함으로 주님의 구원 역사를 보게 하소서.

인간의 힘으로 할 수 없는

불가능한 상황에서도 포기하지 않고

하나님의 능력을 신뢰하는 믿음을 갖게 하소서.

고난이 닥칠 때 환경을 보지 말고

이것을 섭리하시는 주님을 바라보게 하소서.

이 세상의 어떤 것이든

하나님의 손 안에서 움직이는 것을 믿고

하나님의 눈을 가지고 문제를 해결하게 하소서.

믿는 만큼 지혜를 주시고
믿는 만큼 핵심이 보이는 것을 알고
절대적인 하나님을 신뢰하며 문제를 바라보게 하소서.

우리 가족에게도 모세와 이스라엘에게 보여주신
기적의 은혜를 경험하게 하소서.
인간에게는 기적이지만
하나님에게는 일상의 일이 될 수 있음을 믿고
하나님께 기도하며 뜻을 구하게 하소서.
인간의 힘으로는 해결이 어렵지만
하나님이 주시는 지혜가 있으면 길이 보임을 알게 하소서.
우리 가족에게는 생각지 못한 홍해와 같은 장애물이 닥쳐도
하나님보다 세상에 이끌려
인간적인 방법을 사용하는 것을 멈추고
오늘날 우리에게 향하신 하나님의 구원을 보게 하소서.

주여, 기도하옵기는
하나님의 능력은 무한대입니다.
못하시는 것이 없음을 믿고
그것을 바라보면서 세상을 이기게 하소서.
예수님의 이름으로 기도합니다. 아멘.

말씀을 통해 사랑을 배우게 하소서

말씀으로 오신 주님!

말씀이 육신이 되어 세상에 오신 주님을 찬양합니다.

말씀을 통하여 주님을 마음으로 믿고 입으로 시인하여

주님의 자녀가 된 은혜에 감사드립니다.

십계명은 하나님과 이웃을 사랑하는 구체적인 방법입니다.

이것을 통해 하나님을 말과 혀로만 사랑하지 말고

실천으로 증명하게 하소서.

내 방식대로 하나님을 사랑하기보다는

하나님의 원하시는 방법으로 사랑하게 하소서.

하나님이 정해주신 방법을 통해

하나님을 구체적으로 사랑하게 하소서.

법 자체에 매이기보다는

법을 주신 하나님을 사랑하게 하소서.

율법을 내 힘으로 지키지 말게 하시고

율법을 주신 하나님을 더 사랑하며

그 사랑의 힘으로 율법을 지키게 하소서.
율법 속에 담긴 예수님을 영으로 보게 하시고
문자에 매이기보다는 문자 속에 계시는
하나님의 마음을 읽게 하소서.
율법을 통해 하나님의 마음을 닮게 하시고
율법을 통해 나의 죄악을 제거하는 기회로 삼고
말씀과 만남을 계속하게 하소서.

우리 가정이 사람의 생각대로 움직이기보다는
하나님의 말씀을 따라 살게 하소서.
하나님의 말씀이라면 모두가 '아멘' 하게 하시고
받아들이기 어려운 말씀은
하나님을 신뢰함으로 받아들이게 하소서.
당장 이해가 안 되어도
율법을 주신 하나님의 인격을 신뢰하고
주님만을 따르게 하소서.
예수님의 이름으로 기도합니다. 아멘.

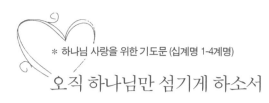

오직 하나님만 섬기게 하소서

사랑의 하나님!

오직 한 분이신 유일한 하나님을 믿고 찬양합니다.

세상에는 많은 우상이 있습니다.

그것들은 자신이 신이라고 말합니다.

그리고 많은 사람이 그것을 신으로 믿고 섬깁니다.

그런 가운데 우리에게

하나님을 믿을 수 있는 은혜를 주셔서 감사드립니다.

유일하신 하나님을 믿고

오직 하나님만 따르게 하심을 감사드립니다.

우리가 가장 사랑해야 할 분은

우리를 만드신 하나님 아버지이심을 믿고 찬양합니다.

유일하신 하나님을 바라보면서

모든 것이 하나님으로부터 나온 것임을 믿게 하소서.

인격적인 분임을 믿게 하심을 감사하고 찬양합니다.

특히 하나님이 사랑한다면

하나님의 이름 이외에 다른 이름을 부르지 않을 것입니다.

그리고 하나님의 이름만 자랑하게 될 것입니다.

주님, 기도하옵기는
우리 가정이 세상 것들을 우상으로 삼지 말고
영원한 가치인 하늘의 소망에 집중하게 하소서.
이것을 위해서 말씀과 기도로 무장하여
어떤 환란도 이기는 길을 가게 하소서.
하나님이 주신 사랑의 방법을 체득하게 하소서.
하나님이 주신 계명은
주님을 사랑함으로 지키면 쉽지만
내 힘으로 지키기는 어렵습니다.

주여, 원하옵기는
사랑으로 충만하게 하시고
말씀으로 충만하게 하소서.
그리하여 오직 하나님만 섬기는
유일신앙으로 가정을 세워나가게 하옵소서.
안식일인 주일을 기억하여 온 가족이 지키면서
하나님 앞에 서는 훈련을 하게 하소서.
예수님의 이름으로 기도합니다. 아멘.

내 몸처럼 이웃을 사랑하게 하소서

우리를 사랑하시는 주님!

인간을 만드시고 끝까지 사랑하시는 하나님을 찬양합니다.

예수님을 보내어 우리를 구원하신 하나님을 찬양합니다.

하지만 이 엄청난 구원을 이루기 위해

우리를 위해 자기 목숨을 주신

예수님의 사랑을 품지 못하고

자기 사랑에 빠진 우리를 용서하소서.

간절히 기도하옵기는

주님이 우리를 사랑하신 그 모습대로

우리도 이웃을 사랑하게 하소서.

부모를 공경하게 하시고

살인과 거짓과 도적질을 거부함으로

이웃을 사랑하게 하소서.

간음과 거짓증거와 탐심을 제거하여

내 이웃을 내 몸처럼 사랑하는 마음을 갖게 하소서.

이웃을 남처럼 생각지 말고
내 몸처럼 사랑하게 하소서.
나와 이웃은 한몸임을 알게 하시고
이것을 우리 가족에서부터 실천하게 하소서.
아는 이웃과 혈육이기에 사랑하는 것을 넘어
하나님이 사랑하시는 이웃이므로 사랑하게 하소서.
어떤 상황에서도 늘 그분을 위해 기뻐하게 하소서.

주 안에서 이웃을 사랑하는 법을 터득하게 하소서.
남을 존중하게 하시고
존중함으로 영혼을 사랑하는 마음을 주소서.
우리 가정에서 이것을 실천하여
주의 형상을 닮은 자녀가 되게 하시고
먼저 우리 부부가 한마음으로 사랑하며
그 사랑이 이웃으로 흘러넘치게 하소서.
이웃을 보면서 감사하며
이웃을 보면서 행복하고
이웃을 보면서 축복하게 하소서.
예수님의 이름으로 기도합니다. 아멘.

주의 나라를 세우는
승리하는 신앙이 되게 하소서

우리의 인생을 인도하시는 하나님!
어제나 오늘이나 동일하신 하나님을 찬양합니다.
우리 가정이 오늘도 주님의 보호하심 속에서 살게 하소서.
오늘 하루도 주님의 복을 받게 하시고
우리 가족을 지켜주시길 기도합니다.
하나님께서 우리의 갈 길을 미리 비춰주시고
주님의 얼굴로 우리를 힘 있게 하여주소서.

세상을 보지 말고 주님의 마음을 품고 살게 하소서.
악한 세상을 보면 실족하기 쉽습니다.
그때마다 주님의 선하신 성품을 의지하고
그 모습이 오늘 삶에서 드러나길 소망하게 하소서.
하루하루가 하나님의 은혜의 통로가 되게 하시고
만나는 사람을 주의 감동으로 대하게 하여주소서.

오늘도 우리 가족이 주의 평강으로 인도함을 받게 하시고 두려움과 염려에서 벗어나게 하소서.
주 안에서 누리는 평강은 누구도 빼앗을 수 없습니다.
우리 가족이 하루 삶에서 주님의 평강을 얻게 하시고
그것을 이웃에게 전하는 평화의 도구가 되게 하소서.

오늘도 이웃을 축복하는 삶을 살게 하시고
복음을 전하면서 하나님의 나라를 세우게 하소서.
내 안에 천국이 있음을 확신하며
주의 나라를 세우는 하나님의 사람이 되게 하소서.
만나는 사람마다 하나님의 축복을 전하게 하시고
가는 곳과 만나는 장소가 하나님의 나라를 세우는
예배의 자리가 되게 하소서.

하나님의 영광과 이름이 선포되게 하시고
하나님을 존귀하게 하는 데 우리를 사용하소서.
하루를 살 때 내가 먼저 길을 정하지 말고
하나님이 정하신 그 길을 따라가게 하소서.
예수님의 이름으로 기도합니다. 아멘.

말씀을 사모하여
주야로 묵상하게 하소서

복의 근원이신 하나님!

세상을 만드시고 섭리하시는 하나님을 찬양합니다.

인간이 하나님의 형상을 닮게 하시고

복을 주심을 감사드립니다.

하나님의 복을 받은 사람으로서 살게 하여주소서.

복 있는 사람은 악인들의 꼬임에 빠지지 않고 악을 분별합니다.

복 있는 사람은 죄인들이 걸어가는 길에 동행하지 않습니다.

복 있는 사람은 오만한 사람의 모임에 함께하지 않습니다.

주여, 저로 하여금 복 있는 사람이 되게 하소서.

복 있는 사람은 여호와의 율법과

말씀을 사모하며 주야로 묵상합니다.

복 있는 사람은 말씀의 길을 따라가는 것을 즐거워합니다.

복 있는 사람은 자기 힘으로 열매를 맺지 않고

주님 말씀의 생기를 받아 열매를 맺습니다.

주여, 우리 가정이 복 있는 가정이 되게 하소서.

복 있는 사람은 하는 모든 일이 형통합니다.

복 있는 사람은 잎사귀가 마르지 않는 청정함을 유지합니다.

복 있는 사람은 하나님의 때에 열매를 맺고 향기를 냅니다.

주여, 우리 자녀들이 복 있는 사람이 되게 하소서.

우리 가정이 복 있는 사람들과 같이하여

그들의 복을 함께 받게 하소서.

악한 사람들을 따르지 않고 그들을 본받지 않게 하소서.

악인의 길은 마지막에 하나님의 심판에 이르게 됩니다.

그런 사람들이 주위에 있을 때는

과감하게 벗어나게 하시고 모양이라도 본받지 않게 하소서.

복 있는 사람의 길은 하나님께서 인정하십니다.

하지만 하나님을 떠난 세상 사람들의 길은 멸망합니다.

이런 말씀의 교훈을 따라 하루를 승리하게 하소서.

기도와 말씀으로 이것을 잘 분별하여 살게 하소서.

온 가족이 복 있는 사람의 길을 따르게 하소서.

사람이 보기에는 편안한 길 같지만

사실은 망하는 길이 많은데

그런 일에 참여하지 않게 하소서.

그것을 거부할 수 있는 힘을 갖게 하소서.

예수님의 이름으로 기도합니다. 아멘.

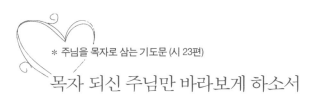

목자 되신 주님만 바라보게 하소서

우리의 목자 되신 주님!

우리의 갈 길을 인도하시는 주님을 찬양합니다.

주님은 우리의 목자이시기에

주님을 믿으면 부족함 없이 채워주심을 믿습니다.

우리를 풍성한 복음의 자리로 인도하시고

편안히 쉴 수 있는 자리로 이끌어주소서.

우리 영혼을 새롭게 하시고

깊은 생수를 통하여 능력 있게 하여주소서.

오늘 하루도 우리의 이름이 아닌

주님의 이름을 위하여 살게 하시고

나의 뜻이 아닌 하나님의 뜻을 이루는 삶이 되게 하소서.

내 안에 있는 욕심을 제거해주시고

욕심으로 영적 분별력을 잃지 않도록

우리 가정을 도와주소서.

비록 사망의 음침한 골짜기로 다닐지라도

감당하기 어려운 고난에 처할지라도

이해 못하고 낙심할 일이 생길지라도

그것을 두려워하지 않게 하소서.

그것은 우리 주님이 나의 목자이기 때문입니다.

임마누엘이신 주님을 믿고 가는 길에는

장애물이 없습니다.

순간마다 주님의 지팡이와 막대기로

우리를 도와주실 줄 믿습니다.

원수와 대적이 우리 가정과 나를 아무리 위협한다 할지라도

하나님을 이길 수는 없습니다.

오히려 원수 갚는 것을 하나님에게 맡기면

생각지 않은 은혜로 채워주심을 믿습니다.

오히려 원수의 목전에서 당당하게 세워주심으로

하나님의 공의가 드러나는 기회가 되게 하소서.

주님, 기도하옵기는

하나님의 선하심과 인자하심으로

우리에게 가정과 일터를 주신 것에 감사하게 하소서.

이미 천국을 소유한 존재로서 자존감을 가지고

내 안에 있는 천국을 드러내게 하소서.

예수님의 이름으로 기도합니다. 아멘.

말씀의 맛을 경험하는
자녀가 되게 하소서

기쁨의 근원이신 주님!

우리에게 소망과 기쁨을 주시는 주님을 찬양합니다.

우리를 항상 깨끗하게 하는 것은 주의 말씀입니다.

하나님의 말씀을 마음에 새기고 그 말씀을 지킬 때

우리의 행실이 정결하게 됨을 믿습니다.

주여, 말씀을 마음에 새기고 살게 하소서.

자녀들이 오늘도 말씀으로 무장하여 살도록 도와주소서.

마음에 말씀을 두지 않으면

한순간에 무너질 수 있다는 것을 알게 하시고

내 의지가 아니라 말씀이 나를 인도하게 하소서.

주의 말씀을 마음에 두도록

나의 생활을 정결하게 하소서.

마음과 눈과 귀가 주의 말씀을 향하게 하소서.

말씀을 재물보다 즐거워하게 하시고

말씀의 맛을 경험하도록 도와주소서.

말씀 속에 계시는 예수 그리스도를 만나게 하시고

그분과 인격적인 교제를 하게 하소서.

주님과 지속적인 만남을 통하여 주님을 닮아가게 하소서.

생각이 혼란스러울 때

마음에 담아둔 말씀이 생각나게 하시고

그것으로 분별하게 하소서.

주를 향한 마음으로 온 가족이 무장하게 하시고

하루의 발걸음이 주님을 따라가는 삶이 되게 하소서.

그리스도인의 하루는 혼자 사는 것이 아닌

주님과 동행하는 삶인 것을 알게 하소서.

마음과 생각과 몸이 주의 가르침을 듣고 순종하게 하소서.

말씀을 우선으로 두고 살면 실패가 없습니다.

주님, 나를 항상 구원의 길로 인도하소서.

그릇된 길을 갈 때는

빨리 주의 길로 돌아가도록 나를 책망하소서.

그리고 그때마다 주의 말씀에 순종하게 하소서.

예수님의 이름으로 기도합니다. 아멘.

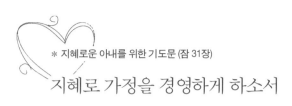

* 지혜로운 아내를 위한 기도문 (잠 31장)

지혜로 가정을 경영하게 하소서

지혜의 근본이신 주님!
저에게 지혜를 주셔서 현숙한 아내가 되게 하소서.
지혜는 진주보다 귀한 것입니다.
지혜로 집안을 잘 관리하여 경제적 부유함을 얻게 하소서.
부지런히 일하게 하시고
성실과 노력으로 가정을 바르게 세우게 하소서.

집안일을 잘 살펴서
궁핍하지 않도록 관리하게 하소서.
가족의 생활이 어렵지 않게 잘 섬기게 하소서.
집안의 작은 일까지 세심하게 살펴서 낭비 없게 하시고
가정 경제를 안전하게 관리하게 하소서.

가족의 몸과 마음과 영혼의 건강까지 잘 챙겨서
부족함이 없도록 도와주소서.
아내로서, 어머니로서 역할을 잘 감당하게 하소서.
인간의 힘으로 안 되는 것은

하나님의 도우심으로 해결하게 하소서.
기도함으로 가정의 모든 일이
하나님의 은혜로 이루어지게 하소서.

하나님을 경외하며 남편을 잘 도와
가정을 온전히 세우게 하소서.
남편과 자녀에게 선을 베풀어 평화를 이루게 하시고
가정에서 칭찬받는 아내가 되게 하소서.
세상의 화려함은 다 사라지고 모든 것은 거짓됨을 알고
헛된 것에 욕심 부리지 않게 하시고
오직 하나님을 경외하는 아내가 되게 하소서.
예수님의 이름으로 기도합니다. 아멘.

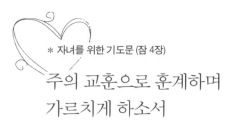

주의 교훈으로 훈계하며
가르치게 하소서

사랑의 주님!

아버지 되신 우리 하나님을 찬양합니다.

주님, 기도하옵기는

자녀들에게 은혜를 주셔서 부모를 공경하게 하소서.

부모의 부족함이 있지만

주님이 부모에게 순종하고 섬겼듯이

주 안에서 부모에게 순종하게 하소서.

자녀는 부모의 훈계를 듣고

명철을 얻기에 힘쓰게 하소서.

부모는 자녀에게

주의 말씀을 가르치는 사명을 감당하게 하소서.

부모가 가르치는 말씀을 마음에 두고 지키게 하소서.

지혜가 제일임을 믿게 하시고

후히 주시고 꾸짖지 아니하시는

하나님께 지혜를 구하게 하소서.

하나님은 사모하는 자에게 지혜를 주십니다.
지혜를 얻으면 모든 것을 얻는 것임을 알게 하시고
지혜의 말씀에 힘쓰는 자녀가 되게 하소서.
하나님은 지혜를 추구하고 사모하는 사람에게
지혜를 주실 줄 믿게 하소서.

주여, 하나님을 높이며 하나님을 존귀하게 하고
하나님의 말씀을 가장 고귀하게 여기며
그 말씀에 순종하게 하소서.
그리하면 아름다운 면류관을 얻게 될 것입니다.
사랑하는 자녀가 지혜의 소중함을 가슴으로 느끼게 하소서.
한번 얻으면 평생 사용할 수 있는 지혜를 얻어
선하게 사용하게 하소서.
예수님의 이름으로 기도합니다. 아멘.

술 취하지 말며
성령 충만하게 하소서

거룩하신 주님!
진실하고 거룩하신 하나님을 찬양합니다.
이 세상은 악한 모습으로 가득 차 있습니다.
그 속에서 살아가는 것이 쉽지 않습니다.
하지만 그 속에서 그리스도인의 거룩함을 지키게 하소서.

특히 우리 가정은 거룩한 가정입니다.
술을 조심하게 하소서.
술과 고기를 탐하는 자들과 사귀지 않게 하소서.
술 취하지 않게 하시고
오히려 성령 충만함을 얻게 하소서.

술에 잠겨 정신을 잃지 않게 하소서.
혼합한 술을 구하러 돌아다니지 말게 하시고
술 취하여 나타나는 구부러진 말과 흐린 눈과
감각 없는 몸의 상태를 조심하게 하소서.

술 취하여 아무 곳에나 누워 자지 않게 하시고
감각과 마음이 혼미하지 않게 하소서.

술을 보지도 말라고 한 주님의 말씀을 기억하여
악은 그 어떤 모양이라도 버리는 결단을 하게 하소서.
술로 사람을 사귀지 말고
진실과 거룩함으로 사람들과 관계를 갖게 하소서.
바른 생각과 영혼을 소유한 사람들과 친구가 되게 하소서.
예수님의 이름으로 기도합니다. 아멘.

하나님의 때를 분별하게 하소서

시간을 창조하시고 역사를 주장하시는 주님!
하나님이 주시는 하루를 찬양하고 감사합니다.
모든 것은 때가 있습니다.
모든 일에 기한이 있고 적절한 시간이 있습니다.

날 때가 있고 죽을 때가 있으며
심을 때가 있고 뽑을 때가 있음을 알게 하소서.
울 때가 있고 웃을 때가 있습니다.
찾을 때가 있고 잃을 때가 있습니다.
또한 사랑할 때가 있고 미워할 때가 있습니다.

주님, 기도하옵기는
모든 일을 하나님의 시간에 따라 행하게 하소서.
예수님도 모든 것을 하나님의 때에 맞추셨습니다.
우리 가족도, 우리 자녀도 이런 하나님의 시간을 알고
가장 좋은 때를 기다리는 법을 터득하게 하소서.

인간의 욕심으로 때를 악하게 사용하지 않게 하소서.

기도해야 할 때 일하지 않게 하소서.

하나님은 때를 맞추어서 일하십니다.

말씀과 기도로 이것을 분별하게 하소서.

예수님이 유월절의 시간에 맞추어서

십자가에 죽으신 것처럼

오늘 우리도 하나님의 시간에 맞게 살게 하소서.

가장 좋은 시간을 찾게 하시고

이것을 알 수 있는 지혜를 주소서.

자신의 종말의 시간까지 계수하여

지혜롭게 살게 하소서.

예수님의 이름으로 기도합니다. 아멘.

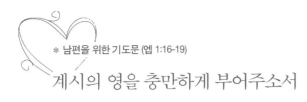

계시의 영을 충만하게 부어주소서

가정을 세우신 주님!

남편을 가정의 주인으로 삼아준 하나님을 찬양합니다.

사랑하는 남편을 위해서 기도합니다.

남편에게 예수님의 지혜와 계시의 영으로 풍성하게 해주소서.

그리하여 하나님을 깊이 알게 하여주소서.

특히 남편 마음의 영안이 열리게 해주시고

하나님이 가장으로 부르신 소망이 무엇인지 알게 해주소서.

그리고 하나님의 자녀의 특권이 얼마나 풍성한지

그 깊이와 넓이를 알게 하소서.

부활의 능력이 남편에게 임하여 예수님 안에서 옛 사람은 죽고

부활의 영으로 새 사람으로 태어난 자긍심을 가지고 살게 하소서.

예수님으로 구원을 받은 것은

누구와도 비교할 수 없는 큰 은혜입니다.

세상에서 위대한 하나님의 자녀임을 증거하여

하나님의 나라를 세우는 남편이 되게 하소서.

예수님의 모습을 닮기 위해 주님과 교제하게 하시고

말씀과 기도로 무장하여 가정을 든든히 세우는 남편이 되게 하소서.
천국의 모습을 가정에 세워나가도록 남편에게 힘을 주소서.

이스라엘을 구원하게 한 모세처럼 지도력을 발휘하여
남편도 가정을 아름답게 세우게 하소서.
세상의 어떤 것보다 하나님을 알아가는 데
시간을 아까워하지 말게 하소서.
하나님이 세워주신 남편과 가장으로서 사명을 잘 감당하여
주도적으로 말씀을 읽고 예수님을 닮아가게 하소서.

마지막에 하나님 앞에 설 때
가지고 가는 것은 우리의 성품입니다.
신앙을 일로 생각하기보다는
인격으로 이해하며 거룩한 사람이 되게 하소서.
하나님과의 관계와 이웃과의 관계를
균형 있게 사랑하며 세워나가게 하소서.
예수님의 이름으로 기도합니다. 아멘.

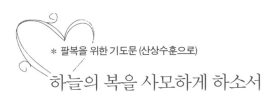

하늘의 복을 사모하게 하소서

복의 근원이신 하나님!
우리 가정이 예수님을 믿는 복을 주신 하나님을 찬양합니다.
온 가족이 팔복의 은혜로 살게 하소서.
심령이 가난한 사람이 되게 하소서.
가난한 자세로 복음을 받아들이면
우리 안에 천국이 임하고 복음의 능력이 임할 줄 믿습니다.

복음과 하나님의 나라를 세우는 데
애통하는 마음을 갖게 하소서.
그래서 하나님의 위로를 받고 살게 하소서.
온유한 사람이 복을 받는 것을 믿습니다.
하지만 우리 가운데 온유함을 찾기가 쉽지 않습니다.
우리는 죄악 가운데서 분노하고 절제를 하지 못합니다.
하지만 주님의 능력을 덧입으면 할 수 있습니다.

주님, 주의 온유함을 본받게 하소서.
하나님의 비둘기 같은 온유함으로

이 땅을 기업으로 얻게 하소서.
나의 의보다 주님의 의에 주리고 목마르게 하소서.
그러면 하나님이 배부르게 해주실 줄 믿습니다.

하나님의 긍휼로 다른 사람에게 긍휼을 베풀게 하소서.
그렇게 할 때 하나님의 긍휼이 임할 것입니다.
무엇보다도 마음을 청결하게 하여
하나님을 보는 은혜를 주소서.
하나님은 영이시기에 눈에 보이지 않습니다.
하지만 정직한 마음과 순수하고 단순한 마음을 가지면
하나님이 영으로 보이게 될 줄 믿습니다.

주님, 화평하게 하는 자로서 살게 하소서.
가정과 이웃 속에서 다툼과 분열을 일으키지 않는
평화의 도구로 사용해주소서.
그럴 때 하나님의 자녀라 불릴 것입니다.
복 있는 자로서 하루를 살게 하소서.
예수님의 이름으로 기도합니다. 아멘.

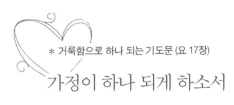

가정이 하나 되게 하소서

하나 되게 하신 주님!

하나님과 인간 사이를

하나 되게 하신 예수님을 찬양합니다.

인간에게는 평화가 없었습니다.

그러다 보니 인간에게는 다툼과 갈등이 있습니다.

이것을 해결하는 길은 평화의 주님을 영접하는 일입니다.

주님을 믿으면 인간과 하나님 사이가 화해하게 됩니다.

이를 위해 하나님의 거룩하심과 한마음을 갖게 해주소서.

하나님 아버지 안에 주님이 하나 되신 것처럼

우리도 서로가 하나 되게 하소서.

가정이 하나 되고, 부부가 하나 되고,

형제가 하나 되는 아름다운 은혜를 주소서.

주님, 우리 가정을 진리로 거룩하게 하소서.

진리 되신 말씀을 중심에 두고 가정이 서가게 하소서.

온 가족이 진리 되신 말씀을 묵상하며

말씀에 순종하는 마음을 주소서.

우리 가족을 거룩한 가정으로 세우게 하소서.

진리 안에 거할 때 가정은 힘을 얻게 됩니다.

진리 속에 거하면 성령이 함께하시는 역사가

가정에 일어날 것입니다.

진리 안에서 거룩함으로 하나 되는 가정이 되게 하소서.

성부 하나님, 성자 예수님,

성령 하나님이 하나 되신 것처럼

교회가 하나 되게 하시고

부부가 하나 되게 하소서.

부모와 자녀가 주 안에서 하나 되게 하소서.

죄는 둘의 관계를 분열하게 합니다.

죄가 우리 안에 들어오지 않게 하소서.

우리 가정에 죄가 자리 잡지 않도록

늘 기도로 무장하게 하소서.

하나 됨을 방해하는 욕심과 자만과 거짓을 멀리하고

나눔과 헌신과 희생의 본을 보이신 주님을 따르게 하소서.

예수님의 이름으로 기도합니다. 아멘.

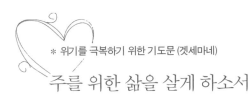

주를 위한 삶을 살게 하소서

십자가로 사랑을 보여주신 주님!

자신을 버리고 인간을 위해 죽으신 주님을 찬양합니다.

십자가의 죽으심으로 우리는 부활의 능력을 얻게 되었습니다.

주님은 우리를 구원하기 위한 십자가의 죽음을 앞두고

겟세마네 동산에서 밤이 새도록 기도하셨습니다.

그리고 기도를 통하여 힘을 얻어

잡혀가시던 날의 위기를 잘 이기셨습니다.

하지만 제자들은 위기 속에서 두려워 모두 도망갔습니다.

주님, 기도하옵기는

저와 우리 가정이 제자들처럼 도망가지 말고

예수님처럼 위기를 이기고

믿음의 길을 끝까지 달려가게 하소서.

성령의 능력을 덧입는 길은

자기를 구하기 위해 도망가는 것이 아니라

주를 위하여 자기를 버리고

십자가를 지고 가는 것임을 알게 하소서.

기도를 통하여 자신을 내주신 주님처럼
나에게도 이런 믿음을 부어주소서.

마지막이 닥칠수록 믿음을 지키기 어렵습니다.
그것은 주의 약속을 위한 믿음이 아닌
나의 평안과 위로를 받는 신앙에 머물러서입니다.
주님, 기도하옵기는
주님처럼 자기의 뜻을 버리고
주님이 맡겨주신 십자가를 지고 가게 하소서.

인생의 고난과 위기를 이기는 길은
하나님을 향한 나의 마음이
얼마나 있느냐에 달려 있습니다.
주님, 원하기는 내가 나를 이끌지 말고
주님이 나를 인도하는 삶을 살게 하소서.
나의 일을 생각하면 두렵지만
주님의 일을 생각하면 평안함을 믿습니다.
예수님의 이름으로 기도합니다. 아멘.

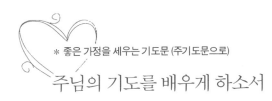

주님의 기도를 배우게 하소서

우리의 기도를 늘 들으시는 주님!
우리는 하나님을 보지 못하지만
하나님이 우리와 동행함을 믿습니다.
주님이 가르쳐주신 주기도문으로
주님과 동행하며 교제하는 법을 배우게 하시고
주님에 대한 신앙이 든든해지는 가정이 되게 하소서.

하나님의 이름을 함부로 부르지 않게 하소서.
나는 쇠하여야 하지만
주님은 나를 통하여 흥하는 역사가 일어나게 하소서.
또한 하늘의 뜻이 이 땅에 이루어지게 하시고
이것을 위해서 필요한 일용할 양식을 주소서.

우리 가정이 주님의 뜻을 이루는 가정이 되게 하시고
세상적인 성공에 시간을 다 보내지 말고
영원한 하나님의 나라를 세우는
가정과 교회가 되게 하소서.

서로의 잘못을 돌아보며 용서하게 하시고
다른 사람에게 분노하거나
화를 내지 않게 하시며
상대방을 불쌍히 여겨
긍휼을 구하는 가정이 되게 하소서.

세상 속에서 삶은 늘 시험을 벗어날 수 없습니다.
이때마다 말씀으로 시험을 이기게 하시고
악에서 떠나게 도와주소서.
악은 모양이라도 버리라고 하셨으니
말씀대로 선으로 악을 멀리하게 하소서.
말씀을 마음에 두어 그 말씀이 나를 구원하게 하소서.
오늘도 오직 말씀을 이루는 기도를 하게 하소서.
예수님의 이름으로 기도합니다. 아멘.

놀라운 십자가의 사랑을
배우게 하소서

사랑의 주님!

하나님의 사랑을 친히 십자가에 죽으심으로 보여주신

예수님을 찬양합니다.

사랑은 오래 참는 것입니다.

십자가에서 오래 참으신 주님과 같은 오래 참는 힘을 주소서.

사랑은 온유한 마음을 갖는 것입니다.

자신을 절제하며 분노하지 않는 온유함을 주소서.

사랑은 시기하지 않는 것입니다.

다른 이가 잘되는 것에 대해 시기하지 않게 하소서.

사랑은 자랑하지 않습니다.

나의 우월함을 자랑하지 않게 하소서.

사랑은 교만하지 않습니다.

자신을 드러내면서 남보다 높아지는 것을 조심하게 하소서.

사랑은 무례히 행하지 않습니다.

다른 사람을 대할 때 예의를 갖추고

다른 사람의 인격을 보고 행동하게 하소서.
사랑은 자기의 유익을 구하지 않습니다.
무엇을 행할 때 자기의 입장보다
다른 사람의 입장을 생각하여 배려하고 공감하게 하소서.

사랑은 성내지 않습니다.
나의 생각과 기준과 다르다고 화를 내며
다른 사람에게 피해를 주지 않게 하소서.
사랑은 악한 것을 생각하지 않습니다.
마음에 악을 행하는 일을 하지 말고
선한 것을 생각하게 하소서.
사랑은 불의를 기뻐하지 않습니다.
모든 일을 할 때 공의와 정의를 따라 처리하게 하소서.

사랑은 진리와 함께 기뻐합니다.
진리의 말씀에 따라 행하게 하소서.
사랑은 모든 것을 견딥니다.
참지 못해서 미리 판단하지 말고
오래 견디면서 기다리게 하소서.
예수님의 이름으로 기도합니다. 아멘.

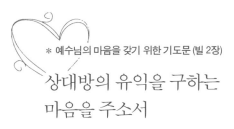

* 예수님의 마음을 갖기 위한 기도문 (빌 2장)

상대방의 유익을 구하는
마음을 주소서

자비로우신 주님!
우리를 긍휼히 여기시며 은혜를 베푸신 주님을 찬양합니다.
오늘도 예수님의 마음을 품고 살아가게 하소서.
주님의 마음은 하나님과 동등 됨을 취할 것으로 여기지 않고
자기를 비워 종의 형체를 가지고 사람과 같이 되신 것입니다.

사람은 자꾸 높은 자리를 추구합니다.
하지만 주님은 높은 자리에서 가장 낮은 자리에 오셔서
우리와 함께하시고 우리를 위해 십자가에서 죽으셨습니다.
인간적으로도 도저히 할 수 없는 일을 예수님은 하셨습니다.
우리가 이 마음만 품으면 못할 일이 없고
용납하지 못할 일이 없습니다.

주여, 원하옵기는
우리로 하여금 이런 주님의 마음을 갖게 하소서.
내 마음으로 하기보다는

주님이 주신 마음으로 사람을 대하며 하루를 살게 하소서.
가정에서 남편을 대할 때나 자녀를 대할 때
늘 이런 주님의 마음을 가지고 살게 하소서.

주님이 이렇게 하셨다면 제가 못할 일이 없습니다.
왜냐하면 저는 이미 이런 사랑을 받았기 때문입니다.
그렇게 해서 제가 구원을 받았습니다.
이제 주님이 저를 구원해주신 그 큰 사랑으로
세상을 바라보게 하소서.
용서 못할 일이 생길 때, 도저히 이해가 안 될 때,
애매하게 비난받고 고난당할 때
내 입장에서가 아닌 예수님의 마음을 가지고
세상과 이웃과 가정을 바라보게 하소서.

주여, 원하옵기는
우리에게도 이 마음을 품게 하소서.
주님의 사랑으로 사로잡히게 하소서.
예수님의 이름으로 기도합니다. 아멘.

말씀에 순종하여 성령 충만하게 하소서

믿음을 주시고 우리를 구원하신 주님!

우리에게 믿음을 부어주신 하나님을 찬양합니다.

우리의 힘으로 믿음을 가질 수 없습니다.

먼저 하나님의 말씀이 임해야 합니다.

그러나 우리는 여전히 하나님을 믿지 못합니다.

그것은 아직 육체의 문제가 남았기 때문입니다.

육체의 욕망을 이기는 길은 자기 힘으로는 안 되고

오직 말씀에 순종하는 일임을 믿게 하소서.

자기 기준에 맞지 않는 하나님의 요구에 순종할 때

비로소 나를 죽일 수 있음을 믿게 하소서.

베드로와 고넬료는

받아들이기 어려운 하나님의 말씀에 순종합니다.

그 결과 성령이 임하고 성령의 충만함을 경험합니다.

하나님, 우리에게도 이런 은혜를 주시어

말씀을 받아들이는 믿음을 주소서.

고넬료의 가정이 말씀을 듣기 위해

순종하고 온전히 받아들인 것처럼
우리 가정도 하나님의 말씀을 긍정적으로 받아들이게 하소서.
말씀이 역사하여 우리 가정도 고넬료 가정처럼
경건한 가정이 되게 하소서.

남편에게 고넬료 같은 믿음을 주시어
우리 가정을 믿음으로 세우게 하소서.
그로인해 성령 충만한 역사가 우리 가정에 일어나게 하시고
거룩한 교회가 가정에서 이루어지게 하소서.
이웃을 사랑하고 어려운 사람을 구제하는 가정이 되게 하시고
하나님의 말씀에 순종하며
그것을 지켜 행하는 가정이 되게 하소서.
가장인 남편을 굳세게 하여
어떤 어려움도 이길 수 있는 믿음을 부어주소서.

자녀들도 아버지의 말씀에 순종하고
하나님을 대하듯 부모를 대하여
그리스도께서 교회를 사랑하고
교회가 그리스도에게 복종하듯 하는
부모와 자녀가 되게 하소서.
예수님의 이름으로 기도합니다. 아멘.

믿음을 굳게 하여
다른 사람을 구원하게 하소서

우리를 구원하신 주님!

죄인 된 우리를 구원해주심을 감사합니다.

주님은 경건하지 않을 때 우리를 구원해주셨습니다.

죄인 되었을 때 우리를 구원해주셨습니다.

모두가 하나님의 은혜로 된 것입니다.

처음부터 우리는 죄인이었고

하나님을 거역하는 사람이었습니다.

그런데 주님께서 먼저 우리에게 다가오심으로

구원의 은혜를 경험했습니다.

선악과를 먹음으로 하나님을 떠난 우리를

하나님이 먼저 찾아오심으로 영접하게 되었고

하나님의 자녀가 되었습니다.

하지만 우리는 여전히 하나님을 사랑하지 않는 죄를 범했습니다.

이것을 알게 하기 위해 성경을 주시고

그것을 통해 우리가 얼마나 대단한 존재인지 알았습니다.

생각하면 얼마나 놀라운 기적인지 모릅니다.

나는 하나님을 어떻게 믿게 되었을까요?

하나님을 보지도 않고 믿게 되었습니다.

이는 모두 내가 아닌 하나님이 하신 일임입니다.

이것을 삶으로 증거하게 하소서.

의인은 날마다 믿음으로 사는 사람입니다.

내가 한 것은 없고

모든 일을 이루신 하나님을 믿고 살아가는 존재입니다.

히브리서 11장에 나오는 선진들처럼

마지막까지 믿음의 경주를 다하게 하소서.

내 안에 있는 해결이 어려운 죄악을 보면서

죄인임을 고백하게 하시고

하늘을 소망하며 구원의 길을 끝까지 가게 하소서.

우리가 사는 것은 내 안에 있는

말씀이자 인격이신 예수님이십니다.

이제 살아도 주를 위하여 살고 죽어도 주를 위하여 죽게 하소서.

주님께 받은 믿음을 잘 지키는 의인이 되어

믿음으로 주님을 만나게 하소서.

예수님의 이름으로 기도합니다. 아멘.

믿음을 삶으로
증명하게 하소서

거룩하신 주님!
말씀이 육신이 되어 우리 안에 오신 주님을 바라보면서
주와 함께 살게 하소서.
믿음으로 구원을 주신 주님께 감사하며
내 안에 있는 믿음으로
나를 통해 역사하는 힘을 경험하게 하소서.
거룩한 산 제사로 드리는 영적 예배가 되게 하소서.

하나님과의 관계를 좋게 하여
그 힘으로 이웃과 성도를 주께 대하듯 하게 하소서.
선으로 악을 이기게 하시고
하나님이 세우신 질서에 순종하며
원수 갚는 것은 하나님께 맡기고
내 이웃을 내 몸처럼 사랑하게 하소서.

믿음을 보이는 삶으로 증명하게 하시고

내 안에 계신 주님의 역사를 따라

오직 하나님의 이름만을 드러내게 하소서.

서로 복종하고 서로 섬기고 서로 사랑하며

각자 받은 은사대로 섬기고

하나님이 주신 생각대로 행하게 하소서.

교만하여 자기의 뜻을 주장하기보다는

날마다 하나님의 뜻이 무엇인지 분별하게 하소서.

함께하는 하나님의 동역자들을 귀하게 여기고

그들을 돕고 섬기게 하소서.

하나님의 복음의 제사장으로서 사명을 가지고

하나님 나라를 세우는 데 남은 생애를 드리게 하소서.

우리 가정이 하나님의 교회로서 성장하게 하시고

믿음을 배반하지 말고 끝까지 하나님을 의지하게 하소서.

우리 가정이 예수 그리스도의 복음을 전하는

주님의 제자로서 살게 하시고

자녀들을 하나님의 말씀으로 양육하여

믿음을 삶으로 증명하는 가정이 되게 하소서.

예수님의 이름으로 기도합니다. 아멘.

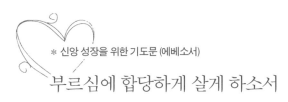

부르심에 합당하게 살게 하소서

은혜와 평강의 주님!

우리를 세상 끝까지 인도하시는 신실한 주님을 찬양합니다.

내 안에 있는 구원과 영광의 풍성함을 영으로 알게 하소서.

우리 가족이 그리스도 안에 믿음으로 뿌리내리고

하나님의 충만함으로 충만하게 하소서.

주님의 사랑이 얼마나 깊고 길고 높고 넓은지 알게 하시고

주님의 비밀을 알아가는 즐거움을 주소서.

구원의 즐거움이 무엇인지 알게 하시고

우리 가족이 이런 풍성한 은혜 속에서 살게 하소서.

우리 가족이 부르심에 합당하게 살게 하소서.

모든 겸손과 온유함과 오래 참음으로 사랑 가운데서

서로 용납하고 성령이 하나 되게 하신 것을

힘써 지키는 가정이 되게 하소서.

가정에서 자기에게 맡겨진 역할을 잘 감당하게 하소서.

아버지로서, 어머니로서, 자녀로서

각자 일을 성실하게 하도록 도와주소서.

서로를 섬기면서 부족한 것을 채워주고
한몸 된 가정을 이루어 가게 하소서.

말할 때는 서로 거짓된 것을 말하지 말고
참된 것을 말하게 하소서.
어린아이의 신앙의 모습을 벗고
그리스도에게로 자라 가는 장성한 신앙으로
우리 가정을 세우게 하소서.
마음이 굳어지지 말게 하시고
더러운 욕심을 벗고 하나님을 따라
의와 진리로 거룩하게 하소서.

분을 내도 죄를 짓지 말며
해가 지도록 분을 품지 말고
가족 간에 화해하고 하루를 마치게 하소서.
더러운 말은 입 밖에도 내지 말고
말할 때는 서로 덕을 세우는 말을 하게 하시고
선한 말을 하여 서로에게 은혜를 끼치게 하소서.
예수님의 이름으로 기도합니다. 아멘.

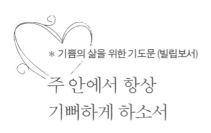

주 안에서 항상
기뻐하게 하소서

우리의 기쁨이 되시는 주님!

구원의 즐거움과 하늘의 소망을 주신 주님을 찬양합니다.

우리는 이미 천국의 즐거움을 얻은 사람들입니다.

그렇기에 어떤 어려운 속에서도 항상 기뻐할 수 있습니다.

주님이 주신 기쁨은 사라지지 않는 기쁨입니다.

외적 환경에 의해서 주어진 것이 아닌

믿음으로 영원한 선물로 주신 기쁨인 것을 감사하게 하소서.

우리 안에 영원히 거하게 하신 기쁨은

누구도 빼앗을 수 없습니다.

이것을 확신을 갖고 믿게 하옵소서.

우리 안에 행하시는 이는 내가 아닌 하나님이십니다.

자신의 기쁘신 뜻을 위하여

우리 안에 소원을 두고 행하시는 주님을 찬양하게 하소서.

주 안에서 항상 기뻐하게 하소서.

아무것도 염려하지 말고

모든 일에 기도와 간구로 구하게 하소서.

이미 주신 것을 믿고

주님의 뜻에 따라 구하면 주실 줄 믿습니다.

모든 지각에 뛰어난 주님의 평강이

우리 마음과 생각을 지키실 줄 믿고 하루를 살게 하소서.

주님, 크게 기뻐하는 믿음을 주소서.

이미 기업으로 주신 풍성함을 누리고 나누게 하소서.

우리의 시민권은 하늘에 있음을 믿고 오직 한 가지 일,

즉 뒤에 있는 것은 잊어버리고 앞을 향해 달려가게 하소서.

우리에게 주신 부름의 상을 바라보고

말씀과 기도로 무장하여 끝까지 달리게 하소서.

이미 그리스도를 얻은 우리는 모든 것을 얻은 것임을 믿고

이 세상 것을 배설물로 여기는 지혜를 주소서.

그것은 그리스도를 믿고 아는 것이

가장 고상하기 때문입니다.

우리 가정이 이 믿음으로 굳게 서서

어떤 어려움 속에서도 당당히 살게 하소서.

예수님의 이름으로 기도합니다. 아멘.

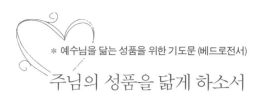

주님의 성품을 닮게 하소서

천지를 창조하시고 마지막에 인간을 창조하신 주님!

우리에게 보배로운 약속을 주신 하나님을 찬양합니다.

우리를 구원하신 은혜가 너무나 크고 놀랍습니다.

특히 우리로 하여금 하나님의 성품에

참여하는 자가 되는 특권을 주신 것을 감사드립니다.

우리가 더욱 힘써 주님의 성품을 닮게 하소서.

주님과 깊은 교제를 이루다 보면

어느 날 주의 성품으로 변할 줄 믿습니다.

저에게 믿음을 더하여주소서.

믿음을 위해서는 덕이 필요합니다.

나만 생각하지 말고 공동체 전체를 생각하며

길게는 하나님의 시야까지 갖는 큰 덕을 갖게 하소서.

덕을 위해서는 지식이 필요합니다.

특히 하나님을 아는 지식을 얻게 하시어

나의 생각이 아닌 하나님의 생각으로 바라보게 하소서.

지식을 잘 유지하려면 절제가 필요하오니

절제의 은혜를 주소서.

모든 것이 가하나 가한 것이 아닙니다.

적절하게 자기를 절제하는 성품을 주소서.

절제를 키우기 위해서는 인내를 이루어야 합니다.

인내하는 성품은 하루아침에 세워지지 않고

많은 기간과 기다림을 통하여 맺히는 성품입니다.

믿음의 인물들을 본받아 인내하게 하소서.

하지만 인내는 인간의 힘과 노력으로는 안 됩니다.

사람을 바라보면 참지 못하지만

주님을 바라보면 인내할 수 있습니다.

이것을 위해서 경건의 능력이 필요하오니

언제나 하나님을 두려워하는 믿음을 주소서.

하나님을 사랑하는 것은 형제를 사랑하는 것입니다.

혹시라도 하나님만을 위한다고

이웃과 가족을 무시하지 않도록 도와주소서.

형제애를 위해서는 사랑의 풍성함을 경험해야 합니다.

주여, 우리 가족이 사랑의 사람이 되어

주님을 생각나게 하는 시원한 사람이 되게 하소서.

예수님의 이름으로 기도합니다. 아멘.

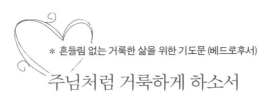

주님처럼 거룩하게 하소서

거룩하신 주님!
선하시고 진실하신 하나님을 찬양합니다.
우리를 성도로 삼아주신
하나님의 뜻에 합당한 사람이 되게 하소서.
"내가 거룩하니 너희도 거룩하라"고 말씀하신
하나님을 닮게 하소서.
거룩한 말씀으로 매일 새롭게 만들어가게 하소서.
진리를 순종함으로 영혼을 깨끗하게 하시고
변함없는 말씀으로 거룩한 삶을 이루게 하소서.
세상에 속하지만 세상과 타협하지 말게 하소서.
세상 사람과 함께 살지만
세상 사람처럼 행동하지 말게 하소서.
구별하여 드리는 거룩한 삶이 자연스럽게 다가오게 하소서.

우리를 택하신 족속이요 왕 같은 제사장들이요
거룩한 나라요 소유된 백성으로 삼아주신
주의 은혜를 기억하여 거룩한 백성으로서 살게 하소서.

옛 사람을 벗어버리고 새 사람으로서 정체성을 갖고
날마다 새옷을 입듯이 구습을 버리게 하소서.

말하는 것도, 옷을 입고, 음식을 먹는 것도
세상과 구별된 모습을 갖게 하소서.
남이 시기한다고 서로 시기하지 말고
남이 험담한다고 서로 험담하지 말게 하소서.
늘 하나님이 보신다는 생각으로
하나님 앞에서 정직히 살게 하소서.
악을 악으로 갚지 말고 욕을 욕으로 갚지 말게 하소서.

마음을 다하여 한마음을 품고 동정하여
형제를 불쌍히 여기며 저주하지 말고 복을 빌게 하소서.
뭇사람을 공경하게 하시고 형제를 사랑하게 하소서.
고난받을 때는 부끄러워하지 말고
도리어 그 이름으로 하나님께 영광을 돌리게 하소서.
말하려면 내 생각을 전하지 말고
하나님의 말씀을 하는 것처럼 하고
봉사하려면 내가 하고 싶어서가 아닌
하나님이 주시는 힘으로 하게 하소서.
예수님의 이름으로 기도합니다. 아멘.

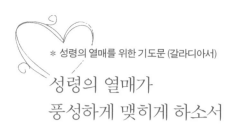

성령의 열매가
풍성하게 맺히게 하소서

거룩한 영으로 역사하시는 성령 하나님!
오늘도 거룩한 하늘의 영을 충만하게 덧입게 하소서.
성령을 따라 살게 하시고
그 힘으로 육체의 욕심을 이루지 말게 하소서.
성령의 인도하심에 따라 살게 하소서.

성령의 열매가 맺히게 하소서.
미래의 나의 인격 속에
성령의 아홉 가지 열매가 자리 잡게 하소서.
이것은 평생을 걸쳐서 행하는 일입니다.
장기적으로 우리 안에 열매로 맺히게 하소서.
열매는 자신보다 다른 사람을 위해서 필요합니다.
우리 가족 모든 구성원이 사랑의 열매를 맺게 하소서.
어떤 상황에서도 기쁜 마음을 갖게 하소서.

또한 사람들 사이에서 화평하는 사람이 되게 하소서.

주님, 저에게 오래 참는 성품이 필요합니다.
다른 사람을 볼 때 자비의 마음으로 보면
시기와 질투가 사라지는 천국과 같은 곳이 됩니다.
이때 필요한 성품이 양선이며 충성입니다.
무슨 일을 하면 최선을 다하여 일하되
여기가 마지막이 될 수도 있다고 생각하며 살게 하소서.
온유한 마음을 주시어
결국은 제자를 만드는 데 사명이 있습니다.

스스로 속이지 말고 하나님을 위한 일에 심게 하소서.
육체를 위하여 심는 자는 육체를 거두고
성령으로 심는 자는 성령으로 영생을 거두게 됩니다.
좋은 것은 공짜를 기대하지 말고
수고와 대가를 지불하게 하소서.
바울이 주님을 사랑하는 흔적을 가졌듯이
우리에게도 주님을 사랑한 증표가 있게 하소서.
예수님의 이름으로 기도합니다. 아멘.

믿음으로 언약을 이어가게 하소서

믿음의 주요 온전하게 하시는 주님!
저와 우리 가족이 세상을 이길 수 있는
소중한 믿음을 주신 하나님께 감사합니다.
믿음은 바라는 것들의 실상이요
보이지 않는 것들의 증거라고 말씀하셨습니다.
믿음으로 눈으로 전에는 볼 수 없던 것까지 보게 하소서.

이제는 더 나아가 믿음으로 본 것을
세상 속에서 실천해 보이게 하소서.
믿음으로 산 수많은 믿음의 선진을 닮게 하소서.
아벨과 노아와 아브라함을 뿌리로 하여
야곱과 요셉과 모세와 다윗을 통해
앞으로 오실 예수 그리스도의 믿음까지 보게 하소서.

믿음은 세상을 바라보는 하나님의 시선입니다.
믿음으로 보면 세상은 아름답습니다.
그리고 거룩하지 못한 것에는 마음 아파합니다.

선지자들이 고난을 받아들이고
기꺼이 순교의 길을 택한 것은 믿음이 있기에 가능했습니다.
제자들이 오직 복음을 전하면서 거의 순교의 길을 간 것은
하늘의 놀라운 소망을 가졌기 때문입니다.

세상과 신앙의 모든 문제는 믿음에서 결정납니다.
믿음으로 보면 절망도 희망으로 보이고
믿음으로 보면 약함도 강함으로 보이며
믿음으로 보면 작아도 크게 보입니다.
우리는 흔들리지 않는 견고한 하늘의 성을 받았습니다.

주님, 원하옵기는
그 나라를 소망하며 반석 위에 집은 짓는
믿음의 사람이 되게 하소서.
풍파가 와도 흔들리지 않는
지혜로운 자의 집이 되게 하소서.
예수님의 이름으로 기도합니다. 아멘.

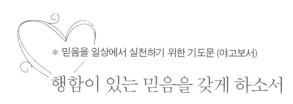

행함이 있는 믿음을 갖게 하소서

자기를 비워 죽으심으로 우리를 구원하신 주님!
우리에게 지혜를 주시되 후히 주시고
꾸짖지 않으시는 선한 주님을 찬양합니다.
믿음의 시련은 인내를 만들어 냅니다.
기도할 때 오직 믿음으로 구하고
조금도 의심하지 말게 하소서.

두 마음을 품지 말고
오직 하나님 한 분에게만 초점을 두게 하소서.
자기의 가진 것을 자랑하지 말게 하소서.
왜냐하면 잠시 있다 들풀처럼 사라지기 때문입니다.
욕심이 잉태한즉 죄를 낳고 죄가 장성하면 사망을 가져오는
진리를 잘 적용하게 하소서.

행함이 없는 믿음은 죽은 것입니다.
오, 주님! 우리에게 겸손함을 주소서.
은혜는 겸손한 사람에게 임하기 때문입니다.

주 앞에서 자신을 낮추고 섬기면
주님이 때가 되면 높이심을 믿습니다.

우리가 받지 못하는 것은 구하지 아니함이요
구해도 받지 못하는 것은
우리의 욕심을 위해 구하기 때문입니다.
병들고 몸이 아플 때 주님께 기도하게 하소서.
가장 힘들 때 우리에게 필요한 분은 주님이십니다.

한 입으로 두 개를 말하지 말게 하소서.
한 샘에서 단물과 쓴물이 나올 수 없듯이
우리의 입으로는 찬양과 축복만 하게 하소서.
우리의 입을 거룩하게 하시고
우리 가족에게 찬양과 감사만 넘치게 하소서.
원망과 불평과 짜증을 가지고 집에 들어오지 않게 하시고
평강과 은혜와 즐거운 것만 우리 가정에 들어오게 하소서.
예수님의 이름으로 기도합니다. 아멘.

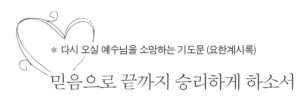

믿음으로 끝까지 승리하게 하소서

알파와 오메가이신 주님!

영원하신 주님을 찬양합니다.

이 세상에서 사는 우리의 삶은 고난과 수고입니다.

만약 이 세상이 전부라면 그리스도인이야말로

이 세상에서 가장 불쌍한 사람들입니다.

만약 천국이 없다면 이 세상에서 불공평하게 산 사람과

정직하게 산 사람의 차이가 없을 것입니다.

하지만 우리에게는 영원한 하늘나라가 기다리고 있습니다.

이 세상은 죄로 인하여 불합리한 구조가 계속됩니다.

그런 이유로 이 세상엔 답이 없습니다.

이것을 생각하면 감사할 뿐입니다.

그리스도인과 교회는 날마다 성장해야 합니다.

그것은 하늘나라까지 이르는 과정입니다.

주님, 천국까지 가는 여정을 사는 우리에게

믿음을 주시고 끝까지 바통을 이어가게 하소서.

세상은 마지막이 가까울수록 악해져

여기저기 적그리스도와 같은 큰 세력이
등장하고 있는 이때 믿음을 더욱 굳게 하소서.

새 하늘과 새 땅은
이 세상의 부족한 것이 온전히 성취되는 곳입니다.
그곳은 예수 그리스도가 온전히 주인이 된 그런 자리입니다.
이런 축복된 자리에
그리스도인은 모두 초대받았음을 믿게 하소서.
그리고 이런 믿음으로 사는 이 세상은
우리가 목표하는 곳이 아님을 알고 있습니다.

주여, 기도하옵기는
천국에서 초대하는 어린양의 혼인 잔치에 참여하는
거룩한 신부로서 삶을 살아가는 가정이 되게 하소서.
가정이 하늘의 천국을 재현하는 곳이 되게 하시고
영원한 말씀이 우리 가정의 중심이 되게 하소서.
이 세상에 매이지 말고 지금 있는 자리에서
주님이 다시 오실 그날을 소망하여
서로 격려하고 기도하며 믿음으로 승리하게 하소서.
예수님의 이름으로 기도합니다. 아멘.

3

가정의
영적 성장을 위한
한 구절
말씀 기도문

＊　＊　＊　＊　＊

　아내가 쉬지 않고 기도하면서 가정을 세워가기 위해서는 영적으로 성장해야 한다. 그러기 위해서는 말씀을 먹는 일이 중요하다. 먹은 말씀을 중심으로 말씀과 일치하는 기도를 통해 기도의 맛을 느끼고 기도의 깊이를 더할 수 있다. 이 기도문의 특징은 성경 한 구절을 읽거나 암송하면서 그것을 가지고 기도하는 방식이다. 그 말씀의 의미를 되새기며 그 구절을 중심으로 기도하면 된다.

　이번 장에 소개하는 말씀 외에 다른 구절을 가지고 이와 같은 방식으로 응용할 수 있다. 처음에는 익숙하지 않지만 이런 방식으로 기도하면 기도를 쉽게 할 수 있다. 또한 기존에 나와 있는 성경 암송 카드를 가지고 기도해도 된다. 매일 한 구절씩 묵상하면서 기도하면 기도에 더 큰 능력을 부여할 수 있다.

주님의 이름으로 승리하게 하소서

아들을 낳으리니 이름을 예수라 하라. 이는 그가
자기 백성을 그들의 죄에서 구원할 자이심이라 하니라. 마 1:21

사랑의 주님!
우리의 구원자 되신 주님을 찬양합니다.
죄악이 가득한 이 세상의 인간을 불쌍히 여기시어
높은 보좌 하나님의 자리를 버리시고 이 땅에 오신 주님,
제한된 인간의 몸을 친히 입고 오셔서
우리와 함께하신 주님을 생각하면
하나님의 사랑에 감사하지 않을 수 없습니다.
하나님의 형상으로 만든 인간을 죄에서 구원하시기 위해
비천한 인간의 몸이 되신 주님의 은혜를 생각하면
감동하지 않을 수 없습니다.

특히 더 감사한 것은
이 땅에 오신 예수님을 나의 주인으로 영접하게 하시고
주님을 믿게 하신 것은 특별한 하나님의 은혜입니다.
주님의 이름으로 인하여 우리는 구원을 받았고

그 이름으로 이 세상을 승리하게 하심을 감사합니다.
누구든지 그 이름을 믿는 자는 구원을 얻는다고 하셨는데
이것에 대한 확신을 갖고 살게 하소서.
예수 그 이름의 소중함을 생각하며
세상에서 그 이름을 드러내는 나의 삶이 되게 하소서.

주님의 이름으로 기도하면 응답해주신다고 하셨으니
주님의 이름을 믿고 의지하며
어디서든지 담대하게 살게 하시고
늘 주님을 바라보고 기도하게 하소서.
오늘도 자기 백성이 구원받기를 소원하시는 주님의 음성을 듣고
저를 하나님의 백성을 구원하는 선한 도구가 되게 하소서.
만나는 사람들에게 예수 그 이름을 담대히 전하게 하소서.

예수님만이 유일한 구원자이심을 확신하며
오늘 주어진 나의 하루를 주님에게 집중하게 하소서.
모든 해답을 주님으로부터 찾게 하시고
오직 주님 안에서 만족을 갖게 하소서.
예수님의 이름으로 기도합니다. 아멘.

하나님의 사랑을 드러내게 하소서

우리가 아직 죄인 되었을 때에 그리스도께서 우리를 위하여 죽으심으로
하나님께서 우리에 대한 자기의 사랑을 확증하셨느니라. 롬 5:8

우리를 구원하신 하나님!
우리를 위해 독생자 아들이신 예수님을 보내주신
그 사랑에 감사드립니다.
하나님의 사랑은 생각할수록 놀랍습니다.
세상의 어떤 사람이 이런 사랑을 할 수 있겠습니까?

하나님이 우리에게 베풀어주신 사랑은
우리 행위에 따라 주시는 사랑이 아님을 압니다.
우리가 죄인 되었을 때 우리를 위하여 주님은 죽으셨습니다.
하나님을 거역하고 하나님을 반역하는
우리의 악한 행동을 보시지 않고 하나님의 사랑에 의하여
우리의 행동과 상관없이 사랑해주셨습니다.
이것을 통해 하나님은 우리를 어떻게 사랑하시는지
분명히 보여주셨습니다.
주님, 이제부터 우리가 받은 사랑은

세상의 사랑이 아님을, 하나님의 사랑임을 알게 하소서.
하나님의 사랑은 행위에 따라 주시는 사랑이 아닌
하나님 사랑의 성품에 따라 주시는 사랑이십니다.
우리도 이런 사랑을 배우게 하소서.
나는 주님으로부터 사랑을 거저 받았고
나의 행위와 상관없이 받은 사랑이었습니다.
이것을 분명하게 깨닫고 나의 것으로 만들게 하소서.
그리하여 이제부터 나도 다른 사람을 사랑할 때
조건 없이 사랑하게 하소서.
행위를 보고 사랑하지 말고 마음을 보고 사랑하게 하소서.
상대방의 모습을 통해 사랑하기보다는
주님이 부어주신 그 사랑의 마음으로 상대방을 사랑하게 하소서.

도저히 사랑할 수 없는 사람을 나에게 주신 것은
이런 주님의 사랑을 실천하게 하기 위한 것임을 깨닫고
힘들지만 주님의 사랑의 포로가 되어
나도 그런 사랑을 하는 사람이 되게 하소서.
이런 실천을 통해 내 안에 있는 하나님의 사랑을
주변 사람에게 증거하는 삶이 되게 하소서.
예수님의 이름으로 기도합니다. 아멘.

받은 사랑으로
이웃을 사랑하게 하소서

하나님이 세상을 이처럼 사랑하사 독생자를 주셨으니
이는 그를 믿는 자마다 멸망하지 않고 영생을 얻게 하려 하심이라. 요 3:16

우리의 생명이신 주님!

우리를 위해 가장 좋은 것을 주시면서

우리를 사랑하신 하나님을 찬양합니다.

하나님은 예수님을 세상에 보내주심으로

하나님이 우리를 얼마나 사랑하는지 보여주셨습니다.

이제부터는 예수님을 묵상하면서

하나님의 사랑을 더 깊게 배우게 하소서.

예수님의 죽으심을 통한 하나님 사랑의 강도를 느끼게 하시고

하나님의 은혜에 깊게 들어가게 하소서.

예수님의 십자가 죽으심을 통해 인간을 향한 하나님의 마음이

멸망이 아닌 영생이심을 알게 하소서.

우리는 십자가의 사랑을 안다고 하지만 아직도 부족합니다.

하나님의 깊은 마음을 잘 알지 못하는 죄인입니다.

하나님의 사랑을 예수님을 통해 분명히 보여주셨는데도

우리는 어리석어서 그 사랑을 깨닫지 못하고 있습니다.

이 우매함을 용서하소서.

주님, 바라옵기는 독생자이신 예수님을 주심으로

하나님은 우리에게 모든 것을 주셨습니다.

우리도 하나님처럼 우리의 모든 것을 주님에게 드리게 하소서.

하나님이 우리에게 가장 가치 있는 독생자를 주셨듯이

우리도 나에게 있는 가장 소중한 것을 바치게 하소서.

아직도 잘 깨닫지 못하는 하나님의 사랑에 더 깊게 들어가게 하소서.

우리에게 주님을 믿는 믿음을 주셨는데

이 믿음이 더욱 자라게 하여

우리도 주님처럼 나의 가장 소중한 것을

하나님과 이웃에게 기꺼이 바치면서 살게 하소서.

그리하여 나도 작은 예수의 삶을 세상에서 나타내게 하시고

주의 사랑으로 세상을 아름답게 만드는 데 쓰임받게 하소서.

하나님이 독생자를 주시기까지 세상을 사랑하셨듯이

나도 만나는 사람들을 그렇게 사랑하게 하소서.

내가 먼저 그런 사랑을 받았음을 강하게 깨닫게 하시고

그 사랑으로 교회와 내 이웃을 사랑하게 하소서.

예수님의 이름으로 기도합니다. 아멘.

* 영적 성장을 위한 말씀 기도문 4

주의 이름으로 모든 곳을
구원하게 하소서

누구든지 주의 이름을 부르는 자는 구원을 받으리라. 롬 10:13

우리의 기쁨이 되시는 주님!

우리가 구원받도록 은혜 주심을 감사드립니다.

나의 힘으로는 도저히 구원받을 수 없는 것을 아시고

구원에 대한 모든 일을

십자가에서 다 이루신 주님을 찬양합니다.

이제 누구든지 마음으로 이런 주님의 이름을 믿고 받아들이면

구원을 받을 수 있다는 사실은 생각만 해도 감동입니다.

이 감격을 늘 잊지 말게 하소서.

복음은 누구나 가질 수 있지만

결코 아무나 가질 수 없는 것이 또 복음입니다.

하나님이 은혜를 주시지 않으면

인간의 힘으로 얻을 수 없는 것이 복음입니다.

이렇게 생각하면 내가 받은 이 복음은 정말 귀한 것입니다.

누구든지 그 이름을 부르기만 하면 얻을 수 있는 구원임에도

우리 주위에는 구원받지 못한 사람이 너무나 많습니다.

주님, 간절히 원하옵기는
아직도 구원받지 못한 사람들에게
예수님의 이름을 부를 수 있는 믿음을 주소서.
예수 그 이름이 세상에서 가장 소중한 이름임을 알게 하시고
예수 그 이름의 능력으로 영생을 얻는 축복을 주소서.
오늘도 나에게 있는 예수님의 이름을 감사하게 하시고
그 이름으로 날마다 구원을 경험하게 하소서.

나의 삶을 돌아볼 때
아직도 이루지 못한 온전하지 못한 부분이 많습니다.
예수 그 이름을 통하여 구원의 역사를 이루게 하시고
주의 이름을 만방에 선포하고
영화롭게 하는 삶을 살게 하소서.
나의 이름보다는 주님의 이름을 위해 살게 하시고
능력의 근원이 주의 이름에 있음을 선포하게 하소서.
예수님의 이름으로 기도합니다. 아멘.

주님의 은혜의 눈으로
모든 것을 보게 하소서

너희는 그 은혜에 의하여 믿음으로 말미암아 구원을 받았으니
이것은 너희에게서 난 것이 아니요 하나님의 선물이라.
행위에서 난 것이 아니니 이는 누구든지 자랑하지 못하게 함이라. 엡 2:8-9

우리를 구원하신 하나님!
우리를 구원해주신 하나님의 은혜를 경배합니다.
내가 주님을 선택한 것이 아니고
하나님이 나를 무조건적으로 선택하셔서 얻은 구원에 대해
늘 감사하면서 살게 하소서.
은혜로 주신 믿음의 가치를 소중하게 여기고
은혜받은 자처럼 살게 하소서.
"거저 받았으니 거저 주라"는 주님의 말씀대로
모든 것을 은혜의 시각에서 바라보게 하소서.

행위가 아닌 믿음으로 나를 구원하게 하신 것은
세상에서 나를 자랑하지 않기 위해서인 줄 확신합니다.
원초적인 구원의 의미를 지식으로만 알게 하지 마시고
모든 삶에서 적용하게 하소서.

나의 모든 삶이 하나님의 선물인 것을 깨달아
하나님의 선물을 나누어주는 사람이 되게 하소서.
나의 것은 하나도 없습니다.
모두가 주님이 주신 선물입니다.
나의 생명도, 나의 재물도, 나의 건강도, 나의 가족도
모두가 하나님의 선물인 것을 생각하며 감사하게 하소서.

혹시라도 하나님 것을 내 것인 양 생각하여
나를 자랑하는 사람이 되지 않게 하시고
모든 것의 주인이신 주님을 드러내며 살게 하소서.
하나님의 은혜를 거역하며 도적질 하는 마음을 제거하시고
하나님의 자비의 마음으로 만나는 사람을 대하게 하소서.
나의 나 된 것은 하나님의 은혜라 생각하며
작은 것 하나라도 무시하거나
내 생각대로 함부로 하지 말게 하시고
주님이 주신 선물로서 소중하게 여기는 마음을 갖게 하소서.
오늘도 주님이 주시는 은혜로 충만한 하루가 되게 하소서.
하나님의 은혜를 무시하는 불평과 원망과 시기를 버리고
오직 찬양과 감사와 사랑을 만나는 사람에게 심게 하소서.
예수님의 이름으로 기도합니다. 아멘.

주님의 이름으로
구원받은 감격으로 살게 하소서

다른 이로써는 구원을 받을 수 없나니 천하 사람 중에
구원을 받을 만한 다른 이름을 우리에게 주신 일이 없음이라 하였더라. 행 4:12

사랑의 하나님!

우리를 사랑하시되 끝까지 사랑하시는 하나님의 은혜를 찬양합니다.

예수님의 이름으로 우리를 구원해주신 것을 생각하면

얼마나 감사한지 모릅니다.

주 예수 그리스도의 이름으로 우리는 영원한 생명을 얻었습니다.

오직 그 이름 하나만 믿으면 누구든지 구원을 얻게 해주셨습니다.

만약 나의 행위와 업적을 통하여 구원을 얻게 하셨다면

우리는 아무도 구원에 이르지 못했을 것입니다.

생각하면 얼마나 놀라운 은혜인지요.

세상에는 자기가 구원을 주는 사람이라고

외치는 사람들이 종종 있었습니다.

그러나 그들은 우리의 구원자가 될 수 없음을 믿습니다.

그들은 자신의 죄 문제조차도 해결하지 못했기 때문입니다.

하나님이 인간이 되셔서 우리 가운데 오시고
우리의 죄를 대신하여 죽으신
예수 그리스도 그 이름을 생각하면 감사할 뿐입니다.
이제부터 그 이름에 걸맞은 삶을 살게 하소서.
주님의 이름 이외에 다른 이름을 의지하거나 신뢰하지 말고
오직 주님의 이름만 믿고 따르게 하소서.

주님의 이름에 위대한 능력이 있음을 믿고
주님의 이름으로 복음을 전하고
주님의 이름으로 병을 고치고
주님의 이름으로 모든 일을 행하게 하소서.
그리하여 내 이름이 아닌 주님의 이름만 높아지는 삶을 살게 하소서.
한평생 나의 이름을 드러내기 위해서가 아닌
나를 구원해주신 주님의 이름을 드러내는 삶을 살게 하소서.
구원보다 더 큰 은혜는 없습니다.
이미 주의 이름으로 구원받은 감격을 늘 기억하게 하시고
그 감격의 힘으로 세상을 능히 이기게 하소서.
나의 이름을 드러내고픈 욕망에 사로잡힐 때
주의 이름을 존귀하게 하는 삶을 살게 하소서.
예수님의 이름으로 기도합니다. 아멘.

4

아내와 가족의
건강을 위한
회복 기도문

* * * * *

　인생은 고난의 연속이다. 그러나 이때마다 기도는 우리에게 큰 힘과 위로를 준다. 이번 장에서 소개하는 기도문은 몸과 마음이 연약할 때 드리는 회복을 위한 기도문이다.

　가정에 어려운 고난이 닥칠 때, 몸과 마음이 아플 때, 수술 등의 일이 생길 때 기도가 절대적으로 필요하다. 그럴 때마다 하나님께 간절히 기도하며 도움을 구하는 일이 많아지는데, 이때 사용할 수 있는 기도문을 소개한다.

　이것은 아내 자신과 가족, 이웃에게도 동일하게 적용할 수 있는 기도문으로 각자 상황에 맞게 적용하면 도움이 될 것이다.

성령님을 의지하며
담대히 살게 하소서

내가 이르노니 너희는 성령을 따라 행하라.
그리하면 육체의 욕심을 이루지 아니하리라. 갈 5:16

능력의 하나님!

하나님을 사랑하는 ○○이를 위해서 간절히 기도합니다.

지금 육신의 아픔과 연약함 때문에

많은 고통을 당하고 있습니다.

내 마음을 내 뜻대로 하지 못하고 힘이 약해졌습니다.

나도 모르게 육신의 지배를 받아 힘들어하고 있습니다.

생각하지 말아야 할 생각을 자꾸 하게 되고

행동하지 말아야 할 행동을 나도 모르게 하게 됩니다.

주님, 간절히 원하옵기는 ○○이를 불쌍히 여겨주옵소서.

내 힘으로 안 되오니 주여, ○○이를 도와주소서.

혼자 내버려두지 마시고 내주하시는 성령님이 이끌어주소서.

그래서 육신의 아픔과 연약함을 이기게 하소서.

부정적이고 연약한 생각을 하지 말게 하시고

긍정적이고 힘을 얻는 생각으로 승리하게 하소서.

주님, 먼저 ○○이가 하나님을 향하여 마음을 두고
하나님의 영광을 위해 살기를 원하는 간절한 마음을 주소서.
첫사랑을 다시 회복하게 하시고 복음의 열정을 일깨워주소서.
하나님 안에서 삶의 의미와 목적을 찾게 하시고
그것으로 그의 삶을 이끌어주소서.
아브라함이 약속을 받고 갈대아 우르를 떠나
가나안 땅에 갈 수 있었던 것처럼
○○이에게도 인생의 목표와 의미를 찾게 하시고
그것에 인생을 올인하면서 하루하루를 즐겁게 살게 하소서.

하나님에 대한 감사와 가쁨을 갖게 하시고
하나님이 자기와 동행하신다는 확신을 갖게 하소서.
습관처럼 주님에 대한 열망을 갖게 하시고
그것이 ○○이의 삶을 이끌어가게 하소서.
그렇게 되면 언젠가는 육신의 연약함이 사라지게 될 줄로 믿습니다.
또한 그것이 해결되면 모든 것이 정상으로 돌아와
모든 것에서 웃음과 평안이 넘칠 줄 믿습니다.
희망을 갖고 하나님에게서 방법을 찾게 하시고
영적인 즐거움을 갖게 하소서.
예수님의 이름으로 기도합니다. 아멘.

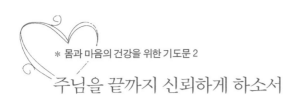

주님을 끝까지 신뢰하게 하소서

내가 땅끝에서부터 너를 붙들며 땅 모퉁이에서부터 너를 부르고
네게 이르기를 너는 나의 종이라. 내가 너를 택하고 싫어하여 버리지
아니하였다 하였노라. 두려워하지 말라. 내가 너와 함께 함이라. 놀라지 말라.
나는 네 하나님이 됨이라. 내가 너를 굳세게 하리라. 참으로 너를 도와주리라.
참으로 나의 의로운 오른손으로 너를 붙들리라. 사 41:9-10

사랑과 구원의 하나님!

예수님을 믿고 하나님의 자녀가 된 것을 감사드립니다.

모두가 하나님의 은혜입니다.

죽어도 영원히 사는 영생을 주시고

세상을 살게 하시니 감사드립니다.

하오나 그동안 이런 은혜를 잘 기억하지 못하고

감사가 사라지고 감격이 부족했던 것을 용서하여주옵소서.

생각해보면 너무 귀한 하나님의 선물을 받았는데

그것을 잘 알지 못했던 무지함을 용서하옵소서.

인간의 연약함을 통해

하나님을 더 잘 알 수 있는 기회가 될 줄 믿습니다.

측량할 수 없는 하나님의 사랑과 섭리를

어떻게 나의 작은 생각으로 알 수 있겠습니까?

원하옵기는 겸손한 마음을 주시어

나를 향한 하나님의 목적과 비전을 발견하게 하소서.

잃었던 하나님의 사랑을 회복하는 기회를 주신 것에 감사드립니다.

이제부터는 나를 선택하신 하나님에 대한 믿음을 갖게 하시고

미래에 대한 걱정과 염려에서 해방되게 하소서.

나의 살아가는 것이 내 힘이 아닌 하나님의 은혜인 줄 생각하면서

오늘도 하나님의 기적으로 살아가는 생인 줄 알게 하소서.

하나님이 도와주시고 붙들어주심을 굳게 믿게 하소서.

내가 하나님을 붙잡은 것이 아니라

하나님이 나를 붙잡으신 것을 알게 하시고

어쩌다 내가 힘이 없어 하나님의 손을 놓칠 때라도

아버지 되신 하나님은 나의 손을 놓지 않으시리라 믿습니다.

주님의 오른손으로 나의 연약함을 붙들어주소서.

앞으로의 인생이 하나님의 도움으로 번성하게 하시고

하나님의 영광을 위해 남은 시간을 드리게 하소서.

나의 나라가 아닌 하나님의 나라를 세우게 하소서.

나를 선택한 하나님의 사랑에 감사드립니다.

이제부터는 부름에 걸맞은 합당한 삶을 살게 하소서.

오, 주여! 나를 굳세게 붙잡아주시어 더 이상 흔들리지 않게 하소서.

예수님의 이름으로 기도합니다. 아멘.

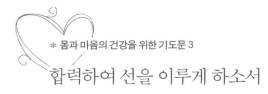

합력하여 선을 이루게 하소서

우리가 알거니와 하나님을 사랑하는 자 곧 그의 뜻대로 부르심을 입은
자들에게는 모든 것이 합력하여 선을 이루느니라. 롬 8:28

사랑의 하나님!
이 시간 ○○이를 위해서 기도드립니다.
○○이가 하나님에 대한 믿음을
확실하게 갖도록 도와주소서.
하나님이 나를 사랑하시는 것을 분명히 믿게 하시고
어떤 상황에서도 하나님의 사랑을 신뢰하게 하소서.
고난과 어려움을 이기는 것은 사랑의 힘인 줄 아오니
○○이에게 하나님의 사랑으로 충만하게 하소서.
이번 기회에 하나님의 사랑을 많이 느끼게 하시고
사랑의 힘을 키우게 하소서.

하나님을 사랑하는 자에게는
모든 것이 합력하여 선을 이루시는 것을 믿게 하시고
어떤 경우에도 긍정적으로 살게 하소서.
힘든 시간일수록 영혼과 마음을 깨끗이 하여 미래를 준비하고 나의 마지막은 성공임을 확신하게 하소서.
희망을 가지고 힘든 산봉우리를 넘는 것처럼
○○이에게 닥친 어려움을 소망으로 잘 이기게 하소서.
이런 고난이 ○○이에게
인생의 전환점이 되는 기회가 되게 하시고
인생의 후반전을 준비하는 기회가 되게 하소서.
하나님은 언제나 나를 위해
좋은 것을 준비하고 있음을 믿게 하시고
그 기대감으로 오늘의 힘든 상황을 이기게 하소서.

오늘도 위로와 힘을 얻게 하시고
아픔 속에서 미래의 꿈을 품는 시간이 되게 하소서.
예수님의 이름으로 기도합니다. 아멘.

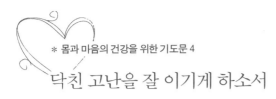

닥친 고난을 잘 이기게 하소서

생각하건대 현재의 고난은 장차 우리에게 나타날
영광과 비교할 수 없도다. 롬 8:18

소망과 영광의 주님!
오늘 하루를 주신 것을 감사드립니다.
○○이가 감사와 은혜로 살게 하소서.
어떤 상황에서도 즐거워하는 법을 터득하게 하시고
닥친 고난을 감사하는 능력을 갖게 하소서.

오늘만 바라보지 말게 하시고
앞으로 하나님이 주실 영광을 바라보면서
오늘을 잘 이기게 하소서.
이번 기회를 통하여 인생을 새롭게 바라보게 하시고
모든 것을 하나님의 시야로 바라보는 삶이 되게 하소서.

주님의 은혜 안에 더욱 충만하게 거하게 하시고
그 힘으로 몸의 약한 상태가 날마다 호전되게 하소서.
영혼이 성령 충만하여 연약한 몸을 이기게 하시고

매일 감사하면서 하나님의 비전으로
하루의 삶이 힘을 얻게 하소서.
나를 향한 하나님의 계획을 알게 하시고
그 비전을 꿈꾸며
미래를 준비하는 시간이 되게 하소서.
예수님의 이름으로 기도합니다. 아멘.

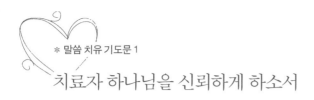

치료자 하나님을 신뢰하게 하소서

이르시되 너희가 너희 하나님 나 여호와의 말을 들어 순종하고
내가 보기에 의를 행하며 내 계명에 귀를 기울이며
내 모든 규례를 지키면 내가 애굽 사람에게 내린 모든 질병 중 하나도
너희에게 내리지 아니하리니 나는 너희를 치료하는 여호와임이라. 출 15:26

치료의 하나님!
하나님의 이름을 찬양하며 간절히 기도드립니다.
마음과 정성을 다하여
먼저 하나님의 말씀을 경청하게 하소서.
그리하여 마음의 건강을 주옵소서.

제 마음이 세상의 소리를 듣지 말게 하시고
인간의 소리에 미혹되지 말게 하소서.
"오직 주의 말씀을 듣겠습니다" 하고
말씀을 순전히 듣고 아멘으로 받아들이는
정직한 마음을 주소서.
그리하여 받은 말씀으로 마음과 육신의 병을 고쳐주소서.
사람에게 받은 상처와 시험들을 물리쳐주시고
하나님의 말씀으로 먼저 마음의 치료를 허락하소서.

하나님의 말씀에 귀를 기울이되 듣기만 하고 행하지 않는
어리석은 사람이 되지 말게 하소서.

오, 주님!
들은 말씀을 마음에 새겨 삶에 실천하는 지혜를 주소서.
말씀의 능력이 임하여
저에게(○○에게) 있는 육신의 병이 떠나게 하소서.
세상에 있는 몸의 질병이 침입하지 않게 도와주시고
여러 가지 좋지 못한 환경을 제거해주소서.
또한 치료자 하나님을 몸으로 직접 경험하게 하소서.

끝까지 최선을 다하여 하나님의 이름을 드러내며
몸으로 하나님의 영광을 드러내는 도구가 되게 하소서.
육신을 위한 몸이 되지 말고
복음을 전하기 위한 건강한 몸으로 회복시켜주소서.
불가능 없이 치료하시는 하나님의 능력을 믿습니다.
말씀을 통한 치료의 능력이 마음과 몸에 함께 임하여
온전하게 되는 치유의 은혜를 주옵소서.
예수님의 이름으로 기도합니다. 아멘.

말씀으로 고쳐주소서

내 아들아 내 말에 주의하며 내가 말하는 것에 네 귀를 기울이라.
그것을 네 눈에서 떠나게 하지 말며 네 마음 속에 지키라.
그것은 얻는 자에게 생명이 되며 그의 온 육체의 건강이 됨이니라. 잠 4:20-22

말씀으로 다가오시는 하나님!
하나님의 사랑을 찬양합니다.
하나님의 자비를 구하며 간절히 기도드립니다.
하나님의 능력은 말씀을 통해서 이루어짐을 믿습니다.
치유하심도 말씀에 순종할 때 이루어짐을 믿습니다.

세상을 말씀으로 만드신 하나님!
저에게도 찾아오셔서 마음과 몸을 건강하게 회복시켜주소서.
하나님의 말씀을 믿고 그 말씀을 아멘으로 순종하여 받고
말씀대로 살게 힘을 주소서.
말씀을 듣되 마음으로 듣게 하소서.

이를 위해서 먼저 말씀을 들을 귀를 주소서.
무딘 귀를 성령으로 할례시켜주셔서
나에게 필요한 말씀만 골라서 듣지 않고

모든 말씀에 아멘으로 듣게 하소서.

닫힌 저의 눈을 열어 기이한 것을 보게 하소서.

보이는 것만 보는 눈이 되지 말고

저 너머 영적인 하나님 나라까지 보는 눈을 주소서.

들어도 듣지 못하는 영적 청각장애를 치료하소서.

보아도 보지 못하는 영적 시각장애를 고쳐주소서.

매 순간 말씀을 저의 눈에서 떠나지 말게 하시고

매 순간 말씀이 저의 귀에서 맴돌게 하소서.

눈과 귀를 통해 말씀을 주시면

상한 마음과 병든 몸에 생명의 역사가 일어나게 하소서.

오소서. 주님의 생명 말씀이.

오셔서 제 마음과 몸에 생기를 충만하게 부어주소서.

주님, 말씀으로 저에게 찾아오소서.

그리하여 나에게 생명을 불어넣어주시고

나의 병든 몸을 치료하소서.

말씀이 임하면 병든 마음과 몸이 건강해질 줄 믿습니다.

"너의 믿음대로 건강할지어다."

말씀으로 다가오신 하나님의 음성을 오늘 저에게 들려주시고

제가 아멘으로 순종하여 말씀의 치유가 일어나게 하소서.

예수님의 이름으로 기도합니다. 아멘.

수술을 통하여
몸을 온전하게 하소서

예수를 죽은 자 가운데서 살리신 이의 영이 너희 안에 거하시면
그리스도 예수를 죽은 자 가운데서 살리신 이가 너희 안에 거하시는
그의 영으로 말미암아 너희 죽을 몸도 살리시리라. 롬 8:11

우리 몸의 오장육부를 지으신

창조주 하나님 아버지를 찬양합니다.

오늘 수술할 ○○를 위해 간절히 기도합니다.

그동안 하나님이 주시는 은혜로 살아왔습니다.

그동안 주의 도우심으로 살게 해주신

에벤에셀의 하나님께 감사하며 그의 이름을 경배합니다.

우리를 창조하시고 치료자 되신 하나님!

우리를 만드신 분이 치료도 역시 이루실 줄 믿습니다.

예수님을 믿는 부활과 생명의 영이

○○ 속에 믿음으로 굳게 서게 하시고

그 생명의 믿음이 병든 몸을 완전히 치료하고 살리신다는

주의 말씀을 온전히 믿게 하소서.

하나님의 자녀 된 ○○에게 은총을 주시어

사랑하는 아버지를 온전히 신뢰함으로

수술 전에 이미 말씀이 먼저 치료하실 줄 믿게 하소서.
그리하여 믿음이 너를 구원하였다는
주의 말씀을 성취하는 시간이 되게 하소서.

수술은 그 믿음의 사건을 확인하는
간증의 시간이 되게 하시고
하나님의 기적을 선포하는 증언의 시간이 되게 하소서.
집도하는 의사와 진료진이 모두 하나님의 기적을 확인하는
놀라운 생명의 역사에 동참하는 순간이 되게 하소서.
이미 나은 줄로 믿고 그 믿음으로
수술 준비 기간을 보내게 하시고
약함 속에서 찬양과 감사와 믿음으로 준비하는
하나님만 온전히 신뢰하는 능력의 시간이 되게 하소서.
이 고난을 통하여 더 많은 사람을 위로하고
믿음으로 굳게 세우는 큰 믿음을 소유한 주의 자녀로
이번 기회에 ○○를 연단하여주소서.
이번 수술이 예수님의 십자가의 고난에 동참하여
예수님의 아픔을 몸으로 체험하고
예수님의 흔적을 갖는 은혜의 시간이 되게 하소서.
예수님의 이름으로 기도합니다. 아멘.

주님을 의지함으로
고난을 이기게 하소서

내 형제들아 너희가 여러 가지 시험을 당하거든 온전히 기쁘게 여기라.
이는 너희 믿음의 시련이 인내를 만들어 내는 줄 너희가 앎이라. 약 1:2-3

환란과 고난 중에 위로자 되시는 하나님 아버지!
날마다 우리의 짐을 지시는 주님을 찬양합니다.
아무리 힘든 일이 있어도
오직 주님 안에 소망이 있음을 믿고 주님께 경배합니다.
힘들 때일수록 주님이 우리와 함께하심을 감사하게 하시고
감사의 은혜를 배우게 하소서.

지금 가정이 환란과 고난으로 인하여 아주 힘이 듭니다.
주님께서 위로해주시고
고난 속에서 주님을 의지하는 담대한 믿음을 주소서.
우리가 여러 가지 시험으로 인해 잠깐 근심하지만
이것이 영원한 것이 아님에 감사하게 하소서.
오히려 크게 기뻐하는 믿음을 우리 가정에 부어주소서.
이런 시련을 통하여 그동안 잘못된 죄악이 있으면

통회하고 자복하게 하소서.
하나님의 말씀대로 살지 못한 게으름과 부족함을 내려놓고
새로운 믿음의 결단으로
영적으로 회복하는 시간이 되게 하소서.
더 큰 믿음을 주시기 위해
이런 고난이 가정에 닥친 줄로 믿고 감사하게 하소서.

이런 환란을 통하여
금보다 더 귀한 아름다운 믿음을 허락하소서.
힘들수록 서로 사랑하게 하시며
가정에 화목을 주시고 기쁨을 소유하게 하소서.
보이는 것보다 보이지 않는 영적 은혜를 사모하게 하시고
하늘의 지혜를 주시어 어려움을 능히 이길 수 있게 하소서.
네가 항상 너희와 함께하리라는 말씀을 의지하고
승리를 체험하게 하소서.
예수님의 이름으로 기도합니다. 아멘.

찬양과 경배가 끊이지 않는
가정이 되게 하소서

술 취하지 말라. 이는 방탕한 것이니 오직 성령으로
충만함을 받으라. 시와 찬송과 신령한 노래들로 서로 화답하며
너희의 마음으로 주께 노래하며 찬송하며. 엡 5:18-19

사랑과 은혜가 많으신 하나님 아버지!
오늘도 예배 가운데 임재하신 하나님을 찬양합니다.
이렇게 하나님을 사랑하는
주의 성도들이 모여 찬양과 경배를 드립니다.
하나님 앞에 신령과 진정으로 드리는
은혜의 예배가 되게 하시고
오직 주님만 높이며 신실하신 주님을 노래하게 하소서.

특별히 감사하옵기는
오늘 우리에게 좋은 날씨와 건강을 주시고
또 좋은 가정을 주셔서 온 가족이 함께 모여
예배하게 하심을 감사드립니다.
주님을 사랑하는 이 예배를 주님께서 즐겁게 받아주시고
모두가 함께 은혜받는 예배가 되게 하소서.

한 주간 동안 지은 죄를 생각하며 이 시간 고백합니다.
하나님의 자녀답게 살지 못하고 하나님의 백성으로서
세상 속에서 소금의 역할을 감당하지 못한 죄를 용서해주소서.
하나님 되심을 알면서도 실제로 욕심과 게으름으로 인해
말씀을 실천하지 못한 것들을 고백합니다.
또한 이웃에게 상처를 준 죄들을 자백하오니
자비를 베풀어주소서.

간절히 기도하옵기는
우리 가정을 사랑하시어 성령 충만한 가정이 되게 하소서.
모든 가족이 세상 속에서 하나님의 이름만을 드러내게 하시고
하나님의 백성임을 확신하며 세상에 지배당하지 않게 하소서.
고난에 처한 사람들을 위로하시고
지친 영혼에게 성령의 힘을 부어주소서.
오늘 선포되는 말씀에 집중하여
하나님의 음성을 모두 듣게 하소서.
그리하여 들은 말씀대로 살게 하소서.
세상 속에서 복음을 유통하는 하나님의 자녀로 살게 하소서.
예수님의 이름으로 기도합니다. 아멘.

쉬지 않고 기도하는
가정이 되게 하소서

항상 기뻐하라. 쉬지 말고 기도하라. 범사에 감사하라. 이것이
그리스도 예수 안에서 너희를 향하신 하나님의 뜻이니라. 살전 5:16-18

우리의 기도를 들어주시는 하나님!
날마다 우리에게 은혜를 베풀어주시는
하나님의 사랑을 찬양합니다.
우리의 모든 생활을 다 살피시고 보호해주시는
하나님께 진심으로 경배합니다.
오늘 이렇게 가정 기도회로 모이게 하심을 감사드립니다.
한 주간의 삶 속에서 주님을 기억하여
몸 된 가정에 모여 주님을 찬양하게 하심을 감사합니다.

생각해보면 모든 것이 은혜이자
하나님의 인도하심입니다.
서로 사랑하며 하나님을 알아갈 수 있는
아름다운 가정 공동체를 주심을 감사합니다.
하나님을 알면서도 영화롭게 하지 못하고

인간의 욕심을 구했던 죄를 용서해주소서.
작은 고난도 믿음으로 이기지 못하고
원망하고 불평하며 믿음 없는 삶을 살았던
우리를 불쌍히 여겨주소서.

이 시간도 가정을 위해서 간절히 기도합니다.
말씀 충만한 가정이 되게 하시고 사람의 생각보다
하나님의 나라를 구하는 가정이 되게 하소서.
가족 간에 사랑하고 우애하며
서로 복종하고 감사하는 가정이 되게 하소서.
가정을 거룩하게 하시어 죄악에 빠지지 말게 하시고
쉬지 말고 기도하는 가정이 되게 하소서.
복음 안에서 기뻐하며 서로 격려하는 가족이 되게 하소서.
오늘 이 기도회가 성령의 충만함을 받는
은혜의 시간이 되게 하소서.
예수님의 이름으로 기도합니다. 아멘.

| 에필로그 | 기도하는 아내의 모습이 가장 아름답다

가정에서 보이는 아내의 모습은 다양하고 시대에 따라 변화무상하다. 예전에는 집안일만 신경 쓰는 전업주부가 아내의 전형적인 모습이었지만, 요즘은 바쁜 맞벌이시대에 걸맞게 직장과 가정을 함께 돌보는 워킹맘이 더 멋있어 보인다. 어쩌면 경제적인 도움을 주면서 가정을 이끌어가는 아내의 모습이 현대에 가장 적합한 아내상이라 할 수 있다. 그래서 그런지 배우자를 선택할 때 맞벌이는 선택이 아니라 필수가 되는 추세이다. 물론 이런 모습이 가정을 세우는 데 필요한 역할을 한다. 세상을 살아가는 데 이런 현실적인 아내의 모습을 무시할 수는 없다.

하지만 이것만으론 가정을 세우는 데 한계가 있다. 가정을 세우는 데 더 중요한 기본기가 있다. 가정에서 어떤 아내의 모습이 가장 아름다울까? 그것은 기도하는 아내의 모습일 것이다. 기도의 골방에서 남편과 자녀와 가정을 위해 기도하는 아내의 모습은 가정을 온전히 세우는 능력이 된다.

오늘도 사탄은 가정을 집중적으로 공격하고 있다. 교회보다 가정을 무너지게 하면 교회는 저절로 약화된다고 여긴다. 사탄은 아내를 어떻게든 방해하여 가정에서 기도가 멀어지게 만들려고 한다. 가능한 바쁜 일로 아내를 부산하게 하여 기도를 못하게 하려고 한다. 이것이 사탄의 숨은 전략이다. 하나님이 아닌 맘몬이 가정의 중심이 되게 하려는 것이다. 그렇기에 우리는 집안에서 기도하는 아내의 역할을 약하게 하고, 다른 세상적인 것으로 가정을 이루게 미혹하는 사탄을 조심해야 한다.

기도는 가정을 지키는 최후의 보루다. 그리고 그것을 지키는 사람이 곧 아내이다. 물론 남편도 중요한 위치이지만 실제적인 기도의 주체자로 사는 사람은 아내가 적합하다. 집안에서 아내의 기도 소리가 끊이지 않을 때 그 가정은 악한 사탄의 공격을 감당할 수 있다.

아내의 기도는 가정을 풍성하게 세운다. 말씀과 기도로 세우는 가정은 어떤 어려움이 와도 흔들리지 않는다. 그런데 사람들은 이것을 잘 모른다. 가정을 세우는 가장 강력한 힘인 기도의 중요성을 인식하지 못한다. 하나님이 집을 지키지 않으면 아무리 수고하여 가정을 지키려고 해도 모든 일이 허사다. 하나님이 가정을 지켜주시지 않으면 가정을 든든히 세울 수 없다. 이런 면에서 아내의 기도는 가정을 지키는 견고한 성벽과도 같다.

아내들이여, 세상을 이기는 비결은 기도밖에 없다. 하나님이 주신 특권인 기도라는 놀라운 영적 병기로 가정을 지키자. 기도를 통해 영적인 풍성한 은혜가 우리 가정에 흘러넘치게 하자. 이 책은 이런 일을 구체적으로 실천하는 데 유익한 기도의 동반자가 될 것이다. 막상 기도하려고 해도 막막하고 어디서 어떻게 시작할지 모르는 아내들에게 이 책은 좋은 영적 도구가 될 것이다.

힘든 시기에 우리가 기도할 수 있다는 사실은 얼마나 감사한 일인지 모른다. 바라기는 이 책이 기도의 지성소로 들어가는 데 좋은 도구가 되면 좋겠다. 모든 염려와 걱정을 받아주시는 하나님께 나아가서 기도한다면 해결책을 알려주실 것이다. 가정에서 겸손하게 엎드려 구하고 찬양하며 기도하는 아내가 이 어려운 시기에 더욱더 필요하다. 이 책을 통해 귀한 기도의 능력이 각 가정에서 이루어지길 소망한다.

■ 나의 신앙 고백 1

이 책을 읽고 아내이자 엄마인 나에게 가장 중요한 것은
무엇이라고 생각하십니까?
그것을 이루기 위해 내가 꼭 기도해야 할 것은 무엇입니까?

■ 나의 신앙 고백 2

이 책을 읽고 아내이자 엄마인 나에게 가장 중요한 것은
무엇이라고 생각하십니까?
그것을 이루기 위해 내가 꼭 기도해야 할 것은 무엇입니까?

....

....

....

....

....

....

....